跨文化视角下英语翻译实践研究

房 颖　时 洁　黄 娟◎著

文化发展出版社
Cultural Development Press
·北京·

图书在版编目（CIP）数据

跨文化视角下英语翻译实践研究 / 房颖，时洁，黄娟著．— 北京 ：文化发展出版社，2023.10
ISBN 978-7-5142-4065-8

Ⅰ．①跨… Ⅱ．①房… ②时… ③黄… Ⅲ．①英语－翻译－研究 Ⅳ．① H315.9

中国国家版本馆 CIP 数据核字 (2023) 第 160516 号

跨文化视角下英语翻译实践研究

房　颖　时　洁　黄　娟　著

出 版 人：宋　娜
责任编辑：侯　娜　　　　　责任校对：岳智勇
责任印制：杨　骏　　　　　封面设计：守正文化
出版发行：文化发展出版社（北京市翠微路 2 号　邮编：100036）
网　　址：www.wenhuafazhan.com
经　　销：全国新华书店
印　　刷：天津和萱印刷有限公司

开　　本：710mm × 1000mm　1/16
字　　数：216 千字
印　　张：12
版　　次：2025 年 1 月第 1 版
印　　次：2025 年 1 月第 1 次印刷

定　　价：72.00 元
I S B N：978-7-5142-4065-8

◆ 如有印装质量问题，请电话联系：010-58484999

前　言

随着社会的进步和发展，人们的生活水平也越来越高。国内外的交往也更加频繁，无论是科学技术还是文学方面。充分掌握一定的翻译方法，特别是英语翻译，就显得尤为重要。但是国与国之间的文化毕竟存在一定的差异性，因此，在进行英语翻译时，要充分考虑跨文化的相关因素。

语言是一种文化的载体，并且也是对民族历史和现实的记录。在英语和汉语中有很多的谚语、成语等比较有民族特色的词语，它们从各自的角度解释了民族文化的独特渊源、传统、价值观及生活习俗。说不同语言的人之间的沟通，不仅仅是语言的沟通，还是两种文化之间的沟通，人们之间的交际也是文化的交际。这也是文化本身的价值所决定的。

也正是因为语言的这种特殊性，在进行英语翻译时要充分考虑语言中所蕴含的文化特性，站在跨文化的角度对英语翻译进行分析。

本书第一章为绪论，主要从文化与翻译的关系、英语翻译的定义与分类、英语翻译的性质与原则、英语翻译的标准、中外翻译发展史五个方面对英语翻译进行了宏观论述。本书第二章为跨文化交际与英语翻译分析，主要讲述了跨文化交际与翻译、文化差异对英语翻译的影响、英语翻译中的跨文化意识分析三部分内容。本书第三章为跨文化视角下英语翻译方法，分别介绍了增译法与减译法，直译法与意译法，异化法与归化法，正反、反正译法。本书第四章为跨文化视角下英汉词语翻译实践，主要阐述了英汉词汇的差异、英汉虚词的翻译、英汉词语的翻译策略三方面的内容。本书第五章为跨文化视角下英汉句式翻译实践，介绍了特殊结构句翻译、常见英语从句翻译、英语长难句翻译几个方面的内容。本书第六章为跨文化视角下英汉语篇翻译实践，对英汉语篇的特点、语篇翻译的衔接与连贯两个方面进行了全面的论述。本书第七章为跨文化视角下英语文体翻译实践，对科技文体翻译、新闻文体翻译、旅游文体翻译、广告文体翻译、文学文体翻译、法律文体翻译、公示语文体翻译、商务文体翻译几个方面进行了深入的分析。本书第八章为跨文化视角下英语翻译障碍与策略，对跨文化视角下英语翻译的障碍及跨文化视角下英语翻译障碍的策略进行了深入的论述。

在撰写本书的过程中，作者得到了许多专家学者的帮助和指导，参考了大量的学术文献，在此表达真诚的感谢。本书内容系统全面，论述条理清晰、深入浅出，但由于作者水平有限，书中难免会有疏漏之处，希望广大同行及时指正。

房颖

2023 年 3 月

目 录

第一章　绪　论

翻译在中西文化的演进历程中，扮演着至关重要的角色。可以说，没有翻译史，就没有世界文明史。本章主要从文化与翻译的关系、英语翻译的定义与分类、英语翻译的性质与原则、英语翻译的标准、中外翻译发展史五个方面对英语翻译进行了宏观论述。

第一节　文化与翻译的关系

一、翻译的过程

翻译是对原文进行深入理解，并以创造性的方式运用另一种语言，将其再现于读者眼前的过程，同时也是一种有别于其他语言活动的思维过程。概括来说，翻译包括 3 个阶段，即理解阶段、表达阶段和校改阶段。下面就对这几个阶段分别进行论述。

（一）理解阶段

正确透彻地理解原文是译文恰当而充分地表达原文的前提。不理解原文，翻译也就无从说起。

1. 理解语言现象

（1）理解词汇含义

在英语中，存在着许多词汇的多义性，同一个单词在不同的语言环境下，大多会呈现出多种不同的语义。词义之间具有很强的关联性，如果不能正确地理解和掌握这些词语的真正含义，就会造成误译，所以在翻译的时候，除了需要关注词汇的普遍含义，还必须留意词汇在特定语境中所蕴含的引申意义。例如，英语

“deep”一词的基本含义是“深的”，但在实际运用中，它还有许多其他含义，如“deep in study（专心学习）”“a deep voice（低沉的嗓音）”“deep red（鲜红色）”“deep sleep（酣睡）”“a deep thinker（知识渊博的思想家）”等。因此，在翻译时一定要理解词汇在具体语境中的准确含义，这样才能作出准确的翻译。例如：

Sometimes you might think the machine we worship make all chief appointments, promoting the human beings who seem closest to them.

有时你可能认为，一切重要的官职都是由我们所崇拜的当权人物任命的，他们提拔那些似乎与他们最亲近的人。

如果将原文中的“machine”理解为“机器”，译文会令人难懂且不符合逻辑。因为句中的代词“them”指代“machine”，这就说明“machine”一词在句中是一个集合名词，而根据句中的动词“make”和“promoting”引导的分词短语这一具体的语境，说明“machine”一词在此处是有生命的、有思想的，意为“核心人物”或“当权人物”。

I hate to see a story about a bank swindler who has jiggered the books to his own advantage because I trust banks.

因为我信任银行，所以我讨厌看到银行诈骗犯篡改账目、损人利己的报道。

在翻译原句时，根据上下文，不能将原句中的“story ”译为“故事”，而应理解为“报道、新闻”之意；不能将原句中的“books ”译为“书本”，而应理解为“账目”的意思。

（2）理解句法结构

英汉两种语言属于不同的语系，汉语属于汉藏语系，英语则属于印欧语系，且英汉两个民族在思维方式上也不同，这就导致英汉句子结构存在很大的差异。在表达同一个意思时，英语和汉语有时会采用不同的句法结构。因此，在翻译时，译者需要认真理解原文中的句法结构并进行仔细分析。例如：

It will strengthen you to know that your distinguished career is so widely respected and appreciated.

当你认识到你的杰出事业是如此广泛地受到人们的尊敬和赞赏时，你就会为自己增添力量。

1972 年，理查德·尼克松（Richard Nixon）致函美国知名记者埃德加·斯诺（Edgar Snow），表达了对其病危状态的慰问之情。在翻译此句话之前，必须对其结构进行准确的分析，否则可能会导致表达错误。假如误将其翻译为“这样会使您更加认识到，您的杰出事业是如此广泛地受到人们的尊敬和赞赏”，就是把不定式短语“to know that...appreciated”视为“will strengthen ”的状语，未能揭示出这一不定式作为句子真正主语的本质，“it”则只是作为形式主语，毫无意义。

There was no living in the island.

那座岛不能居住。

要想正确翻译此句，需要准确理解英语中句型“there is no ＋动名词”的意思，这一句型实际上相当于“we cannot+ 动词原形”或“it is impossible to do”。因此，如果译为“那岛上无生物”就是错误的。

（3）理解惯用法

经过长时间的使用，英语和汉语中都产生了很多习惯表达方式或习语。虽然这两种语言中有一些习语的表达形式和意义是相似的，但是也有很多习语在形式和意义上是不相同的。因此，在翻译中，就要对英汉中的习惯用语有所了解，准确理解习惯用语的意义，提高翻译质量。例如：

Tom is now with his parents in London；it was already four years since he was a teacher.

汤姆现在同父母住在伦敦市；他不做教师已经四年了。

若译者未能领会原文中“since”在此情形下的惯用法，也就是“since”从句中的过去式连系动词“was”或者“were”表示一种状态的终止，那容易把原文翻译为“汤姆现在与其父母同居于伦敦市；他做教师已经四年了”，这样便和原文想表达的意思完全相反了

What the strikers want is that the dismissed men should be reinstated. Until they are, they say they won't get round the table with anybody.

罢工者的要求是被开除的人必须复职，他们宣称，不复职就不同任何人进行谈判。

如果将原文中的“get round the table”译为“绕着桌子转”，就会使人不知所云，在这里是“坐下来谈判以找出解决问题的办法”的意思。

2. 理解逻辑关系

为了更全面地领略原文的内涵，翻译者通常需要对原文的逻辑脉络有更深刻的理解。翻译时对原文中逻辑上不明确的地方要加以注意。有时候，一个单词、一个短语或一个句子可能具有多种不同的含义，因此需要进行仔细的推敲和分析，以推断实际情况，并根据逻辑推理来确定哪种是确切的翻译方式。

在翻译实践中，如果把这种推理看作是逻辑思维，那么译文就是符合逻辑规律的。有时候，我们可以通过逻辑关系来理解那些超出原文语法关系所能涵盖的问题。例如：

His body was perfect, alive with easy suppleness and health and strength.

原译：他的身体十全十美，肌肉柔软，强健有力，显得生机勃勃。

改译：他的身体条件极佳，柔韧灵活，强健有力，充满活力。

原译文中“肌肉柔软”和“强健有力”显然有矛盾之处，不符合逻辑。这是因为对“easy suppleness”的理解有误，“suppleness”可以指“柔软、灵活”，也可以指“柔韧、易弯”。在原文中，该词应指身体的灵活、柔韧，而不是肌肉的柔软。

As the economies of China and the United States have become increasingly interdependent economic and trade relationship has functioned as a stabilizer for relations between the two countres.

中美两国经济上的相互依存不断加强，经贸关系已成为中美关系的稳定器。

原文两个句子在逻辑上是“因果关系”，即“依存不断加强”是“成为稳定器”的原因，由于汉语重意合，英语重形合，因此，这种关系在英语中需要靠表示因果关系的连词“as/since”表现出来。

3. 理解文化背景知识

翻译是不同文化的移植，是把一种语言转化为另一种语言的行为，是两种文化的交流。王佐良先生认为，翻译者必须做一个“真正意义上的文化人”。因此，翻译时，要充分考虑目的语文化和源语文化的差异，准确地捕捉到源语中的文化信息，对两种文化之间的转换进行巧妙的处理，尽可能做到把原文的信息忠实、准确地传达出来。例如：

South African leopard-spot policy came under fierce black fire...

南非实行的“豹斑”式的种族隔离政策受到了黑人的猛烈抨击……

“豹斑”(leopard-spot) 已成为一个专业术语，并且被广泛运用于各个领域。在20世纪60年代中期，越南人民武装力量在战区后方建立了多个小区域，这些区域在美方军事地图上被标记为“豹斑”状异色表示区，从而形成了“豹斑”这一概念。随着时间的推移，“豹斑”这一军事术语逐渐演变为政治术语，专门用于指白人种族主义者将黑人强制驱逐到若干个小区域居住的种族隔离政策。所以，在理解原文的过程中，对所涉及的事物进行深入理解也是至关重要的阶段。

Let us hold our hands together, hold high the great banner of the Five Principles of Peaceful Coexistenee, and make fresh contribution to the lofty cause of world peace and development.

让我们携起手来，高举和平共处五项原则的旗帜，为世界和平与发展的崇高事业作出新的贡献。

译文极易造成读者头脑中的形象冲突，既要把手握在一起，又要（用手）举起大旗。这有悖于常理，于是译文丧失了连贯性。

（二）表达阶段

表达是实现由源语到目的语信息转换的关键。在表达阶段，译者要了解源语和目的语在表达方式和文化上的差异，以使译文忠于原作，且符合译入语的表达习惯。此外，译文还要恰当地再现原文的风格。具体来讲，译者在翻译的过程当中应该注意以下几个方面。

1. 自然层次

译文的行文必须符合自然层次的标准，这是不可或缺的。在实际运用中，由于译者受到母语和外语不同程度的影响，因此会有一些不符合规律的现象出现。

对于所有种类的文本，翻译必须符合译入语的惯例，以确保译文的自然流畅。在很少数的情况下，初学的翻译者可能会翻译出非常不自然的译文，这不仅是因为他们的文字功底还不够成熟，还因为他们过于拘泥于原文，从而忽略了上下文的适宜性，以及原文的句子结构。

2. 文本层次

文本层次主要指的是原文中的字面含义。翻译活动的起点和终点皆在原文之中，任何一种翻译都不能脱离原文的指引。但是，即使是同一个意思，原文表达的方法不同，翻译时所应采取的策略、译文表达也会不同。有时即使是用一个词也会有不同的译法。例如：

She is the last woman to come.

她是最后一个来的。

She is the last woman to do it.

她绝不会干那件事的。

以上两个例句中的"last"虽然都取其"最后"的含义，但翻译出来的说法却并不一样。第一句可以直接翻译成"最后"，第二句则要取"最不可能做某事"的含义，这样译文才能更加准确、清楚。

另外，英汉语言文字本身就存在很大的差别。翻译时，译者如果逐字逐句按照原文字面含义翻译，就可能产生不符合译入语习惯甚至是错误的句子。例如：

In the old days, Beijing was hot on rhetoric but cool toward everything else.

译文①：在过去的日子里，北京在言辞上是热的，而对其他一切事情却是冷的。

译文②：过去，北京总是言辞激烈却处事冷静。

译文①紧贴了原文的语义结构，结果却是词不达意，严重偏离了原文的思想内容。译文②摆脱原文字面的束缚，灵活变通，按译文的习惯突出表达原文的实质内容。

3. 黏着层次

黏着是指语篇中句子之间的衔接。具体到英汉两种语言来说，二者在语法、词序上有很大的差别。

另外，英语多长句，句中经常包含很多从句；汉语多短句，句中也少有衔接词汇。这些差别都要求译者必须注意调整译文结构，使译文成为一个符合目的语读者表达习惯的连贯整体。

4. 所指层次

所指层次主要是指翻译者对原文所蕴含的意义进行了深入的理解和把握。为了使译文流畅、简洁，对原文中的主语进行重新分析，找出其中与该句有关联的部分，然后把它们换成相应的句子成分。

实际上，有时候原文的表面意义并不十分明晰，因此翻译者需要深入挖掘文字的内在本质，并运用译入语精准地描述它们。然而，译入语在英汉两种语言差异性的影响下，其文字和与原文之间可能存在距离。例如：

A：You alone here?

B：I'm saving myself for you.

原译：

A：你一个人?

B：我在为你救我自己。

改译：

A：你一个人?

B：我在等你呀。

原文是舞会上的一问一答，其中回答者口中的"save"并不是"营救"的意思，因为根据场景他显然不存在任何危险，而是"把自己省下来不和别人跳舞，而和你跳舞"的含义。

从表面上看，翻译就是在译文中再现原文中所包含的意思，即所谓的"言不尽意"。然而，鉴于汉语中并未出现与其完全等同的词汇，因此唯有将这句话中的幽默味道省去，直接将实际含义翻译出来。

（三）校改阶段

校改阶段是翻译的最后一个阶段。译文不论翻译得多好，难免会有疏忽和错漏的地方，所以必须仔细认真地进行校改和补正。再次核实原文内容，并对译文语言进行更深入的推敲与完善，这是校改的核心阶段。本书在总结前人成果的基础上，结合笔者多年从事翻译教学实践的体会，提出了"三个一"原则来指导校改工作，即一篇文章一次校对、一个注释一份修改和一句话一处改正。

翻译者必须认真对待校改这一复杂的环节，因为它不仅是简单的纠错，更是一项涉及多个方面的重要任务。在校改阶段，首要任务是对译文的准确性进行仔细的检查；其次，检查译文的内容是否自然和简练。在校核阶段应注意以下几个方面。

①审校人名、地名、数字和方位是否有错误。

②审校译文中大的翻译单位，查看有无错漏、误译或欠妥之处。

③审校专业术语是否正确。

④对成语和其他固定的表达结构进行审查，以确保其准确性和适宜性，其中包括各种修辞习惯与技巧。

⑤校正错误的标点符号，使其符合目的语的语言规范。

⑥译文不涉及陈词滥调或者比较罕见的词汇，以自然简练的方式表达段落。

一般而言，需要对译文进行至少两次的修改，以确保其准确无误，其中第一次注重对内容仔细地审查，第二次则更加强调对译文精心地润饰。因此，要想提高译文质量，就要认真地分析原文中的各种情况，找出问题所在，然后采取适当的方法来改正它，从而达到预期效果。

为了最大限度地消除和减少初稿中的斧凿痕迹，也就是原文对目的语产生的一系列干扰或者影响，以使译文更加自然流畅，更符合目的语的惯例，润饰应运而生。大多数情况下，为了确保译文的准确性和地道的目的语标准，会先对原文进行“舍弃”，然后对其进行仔细的检查、评估、修改和润色，如果译文不符合规范要求，就需要重新校对，甚至重做。

倘若在时间充足的情况下，务必仔细审阅已经经过两次校核的译文，并最后一次检查和修改，以确保所有问题都得到妥善解决，方可视为最终版本的译文。除非条件允许，否则最好寻求他人的纠正，原因是翻译者通常受限于自身的惯性思维模式，在检查的过程中难以发现自己的错误。翻译者可在完成校内修改后，把翻译文本静置数日，等到再次检查的时候，也许会发掘出一些此前未曾发现的问题。

二、翻译与文化的相互作用

美国翻译理论家尤金·A.奈达（Eugene A.Nida）曾在其著作《语言文化与翻译》一书中指出：“对于成功的翻译而言，双关能力比双语言能力更加重要，这是因为只有从它们所赖以生存的文化的角度去考察才真正具有意义。”

由此可以看出，翻译和文化之间存在着一种紧密、相互渗透的联系，二者相辅相成，相互影响。一方面，翻译作为一种跨文化交流的媒介，具有推动与丰富文化的潜力；另一方面，文化又促进并制约着翻译。

（一）翻译促进、丰富文化

翻译作为一种跨文化交际行为，通常担负着传播文化、丰富文化的使命，这也是翻译的意义与价值所在。翻译的作用在于推动与丰富译入语文化的进一步发展，更在于快速促进不同文化间的相互交流与有效传承。

翻译具有简单地传递原文所包含的意义，承载着跨文化交际的任务。作为一种文化符号，语言不仅是一种认知表达工具，还是一种文化信息存储与文化传播的关键媒介。

翻译就是将一种文化符号转换为另一种文化符号，并使之得以传承的过程，在人们运用文字将某一种思想表达出来，或者描述某一事物的时候，所涉及的是知识的传递，更是一种文化的传承，涵盖了多个维度的文化传承。因此，翻译是实现文化交流的桥梁，同时也是传递民族文化的载体。世界各地的文化通过翻译这一中介得以传播、交流、融合，碰撞出新的火花，焕发出新的生机。下面就以新词的产生和文学的发展两个方面为例，对这一点进行说明。

（1）随着我国改革开放、加入世贸组织等一系列步伐的持续和深入，汉语同英语之间的交流也达到了空前的深度与广度，其中最明显的体现便是外来新词的不断产生与涌入，例如：

DVD 影碟

WTO 世界贸易组织

VIP 贵宾

cool 酷

taxi 出租车

e-mail 电子邮件

coffee 咖啡

party 派对

lower of ivory 象牙塔

show 秀

以上这些词语或是音译的结果，或是在中西交流中语义引申的结果，再或是外来词异化翻译的结果。无论哪种，它们都已为人们所接受，成为汉语表达的一部分，因此中国的语言文字得到了全新的演进，同时也为人们提供了更加精准的表达方式，以揭示那些原来在本土文化中根本不存在的现象或者事物。

在西方文化传入中国的同时，中国传统文化也传入了西方，并对世界产生了广泛的影响。今天，外国许多国家都知道了中国的太极拳、少林寺和武术；了解了中国的节日习俗；认可了中国人名的表达方式，如跨栏飞人叫刘翔（Liu Xiang）而不是“Xiang Liu”，篮球明星是姚明（Yao Ming）而不是“Ming Yao”。

（2）就文学来说，中国文学在1890—1919年经历的一次翻译高潮对我国文学发展产生了以下几个方面的重要影响。

①大量的外国文学尤其是外国小说被介绍给中国读者，这使中国传统的知识分子开始承认小说的独特价值，并将之纳入文化领域，使其置身于诗词古文作品之间。

②我国传统的小说写作技巧已被小说翻译所颠覆，西方小说则更加注重对人物内心世界和细腻自然景观的描绘，这打破了我国传统的重意境渲染的文学写作风格一统天下的局面，对文学写作的多样化产生了巨大影响。

③文学翻译在一定程度上使原有的旧文学观念发生转变，将全新思想内容以一种独特的方式引入其中，对我国新诗、话剧、白话小说的诞生与发展产生了巨大的影响，直接促进了我国文学发展的现代化。

（二）文化促进、制约翻译

1. 文化影响翻译形式

文化的强势与否，影响着翻译的具体形式，其中文化的强弱，既包括某一文化领域的强弱，也包括整个文化体系的强弱。在当今多元文化背景下，如何处理好二者之间的关系呢？翻译什么样的作品、如何翻译，既受译者本身文化身份的影响，也视文化环境和文化背景而定，特别是受强势文化的制约。翻译作为一项文化活动，具有明确的目标和倾向性，旨在传达特定的信息和价值观。

由于译者在译语环境中处于弱势地位，所以必须根据原文本与译文读者之间存在的差异来对其进行选择、改写或重组。所以，翻译所涉及的对象，大多是处于强势文化氛围中的素材，这样翻译出来的作品才有更多的人愿意看。这一点在两种语言的对译中尤为显著，在文学作品的对译中表现得更加明显。

例如，在历史上，罗马人征服希腊后，带着一种“胜利者”的心态，将希腊的文学作品看作可供任意割取的“文学战利品”，并对其进行自由的翻译。

再如，在我国晚清“西学东渐”的背景下，《圣经》的翻译者就以来华传教的传教士为主体。面对晚清社会的落后与衰败，他们认为自己有义务拯救中国，拯救在他们眼中愚昧、未开化的中国人。但事实上，这种“善意的行为”是对我国进行的政治上与文化上的渗透。

2. 文化影响翻译过程

美国语言学家爱德华·霍尔（Edward T.Hall）认为，翻译实际上是两种语言体系的交汇，更是两种不同文化的相互交融，甚至是不同层次文明的交融，从这个角度来看，翻译就是一种跨文化交际活动。

翻译的过程受到的影响不仅限于语言因素，还包括社会与心理因素的综合作用。因此，从某种意义上说，翻译不仅涉及两个或两个以上语言单位之间的相互转换，更重要的是要处理好与之相关的各种社会关系。可见，翻译所涉及的不仅仅是两种语言之间的转换，更是一种形式上的转换，同时也是一种文化上的相互转化。

因此，译者在翻译的时候必须充分考虑译语与译入语的差异，并根据这些差异来调整自己的思维模式和表达方式。换言之，在语言转换的时候，翻译必须全面考虑交际语境，以确保读者能够以一种自然而然且恰当的方式对译文作出回应。这里的交际语境指的就是文化因素。一方面，文化是有共同性的，任何文化之间都会有一定的重叠，这也是翻译的基础；另一方面，文化也是有多样性的，大多数的文化意义是存在差异的，这便是翻译的难点。

概括来说，翻译的过程能划分为两个主要的阶段，一个是对原文的理解，另一个则是对原文的表达。准确、得体的翻译，必须建立在深刻理解的基础之上，表达是落实这一标准的实际行动。而无论在理解阶段，还是在表达阶段，译者都必须结合文化因素来思考和选词造句。例如，一篇文章对读者所传达的不仅是文字知识，还包括其在特定社会条件下所形成的独特的文化信息，如民族情感、个人情感、生活态度、风俗习惯等。因此，如果译者仅从文字的表面推敲，就很难准确理解原文的精神实质，自然译文也难以再现原文的神韵。

这就需要译者准确分析和翻译原文的文化意义，但由于译者本身也是一个文化个体，虽然他可能并没有意识到，但他确实正受到自身文化取向和文化身份的影响。因此，无论译者在翻译时再怎么努力摒弃主观因素，也抛不掉自己身上的文化烙印，这种烙印根深蒂固，其影响会贯穿整个翻译过程的始终。

第二节　英语翻译的定义与分类

一、英语翻译的定义

翻译是一个熟悉而又复杂的问题。说它熟悉是因为自从语言产生以来，翻译就开始存在了；说它复杂是因为对“翻译”这一概念的界定多元而不统一。艾弗·理查兹（Ivor Richards）曾经说过，在宇宙演化的漫长历程中，翻译很有可能是我们人类一项复杂的活动之一，涉及的领域之广、难度之高，着实令人惊叹。

翻译的定义也仁者见仁，智者见智。学者们从不同视角对翻译进行界定，如语言视角、符号视角、文学视角、文化视角、信息视角、交际视角、原作视角、译作视角、读者接受视角等。

（一）定义一

英国翻译理论家彼得·纽马克（Peter Newmark）在 *A Textbook of Translation* 中这样写道：“What is translation? Often, though not by any means always, it is rendering the meaning of a text into another language in the way that in the author intended in the text.”

纽马克的定义比较传统，把翻译局限在语言之间，把作者和原文放到了至高无上的地位，把涉及多个翻译利益方的行为仅仅限定在了一个利益方，而且用了“经常”和“并非总是”等字样，使得这个定义的概括性和普适性受到影响。对翻译的定义应该能够覆盖所有符合定义内涵的外延，而不仅仅是在某些时候的某些外延。

（二）定义二

美国翻译理论家尤金·A.奈达在 *The Theory and Practice of Translation* 中这样写道："Translating consists in producing in the receptor language the closest natural equivalent of the source language message, first in term of meaning and secondly in term of style."

翻译是实践行为，而实践行为是以目的为导向的。当翻译的目的是尽量忠实于原文时，译文自然越忠实越好，但当尽量忠实于原文不是翻译目的时，对翻译的评价则不会以译文是否十分忠实于原文为评价标准。因此，是否十分忠实于原文不能作为评价所有译文的标准。

奈达的定义不仅忽略了翻译的生态环境对翻译行为的影响，还忽略了翻译是以目的为导向的实践行为，结果把某些翻译的标准等同于翻译本身，存在概念混淆的问题。

（三）定义三

中国学者张培基认为："翻译是运用一种语言把另一种语言所表达的思维内容准确而完整地重新表达出来的活动。"①

张先生的定义言简意赅，抓住了语际翻译的本质。但两个副词"准确"和"完整"扩大了语际翻译的内涵，因此限制了语际翻译的外延，使忠实于原文的程度区间问题变成了一个极端问题，存在以偏概全的问题。

（四）定义四

中国学者许钧的定义是："翻译是以符号为转换手段、意义再生为任务的一项跨文化的交际活动。"② 这个定义表达相对简洁。也没有使用"语言"而是使用了"符号"，使得翻译定义的内涵与外延更为匹配和严谨，既包括"符内翻译"也包括"符际翻译"，但在逻辑上存在一些问题。

符内翻译未必总是跨文化，比方说，用同一语言换一种方式解释一个术语、短语等都属于翻译的范畴，但却不是跨文化交际活动。因此，用一种类型的特点作为同一范畴中所有类型的典型特征，犯了概念与范畴混淆的层次错误。

---

① 张培基，英汉翻译教程[M]. 上海：上海外语教育出版社，1980.

② 王述文，综合英汉翻译教程[M]. 北京：国防工业出版社，2008.

如果“符号”在此特指语言系统的话，意义再生确实是“跨文化”的，但问题是，是否存在不是跨文化活动的语言系统间的信息转换活动？跨文化是语言系统间信息转换活动的本质属性之一，不提出来也没有人能否认它的存在，但单单提出这一属性，有挂一漏万之嫌，而且把属性之一与本质并置也存在着层次混淆的问题。

“交际活动”的表达犯了类似的错误。事实上翻译还是脑力活动、体力活动等许多不同性质组合在一起的活动。另外，难道有什么符号间的意义再生不是交际活动吗？最后不得不强调的是，“符号”在此定义中的使用不够严谨，毕竟“符号”和“语言系统”不是同一个概念，不可相互替代，否则会出现概念不清、概念和范畴混淆的问题。

（五）定义五

翻译是将一种语言的信息，以另一种语言的形式呈现，使译文读者理解原作者所表达的思想，并获得和原文读者相似的情感体验。这个定义不仅把翻译局限在语言之间，而且表达过于冗长，在强调作者思想时忽略了译者主体性，同时把翻译行为的本质与众多的翻译行为结果并置，用翻译行为和翻译结果或效果两个不同的概念之间的关系界定翻译概念本身，存在概念、范畴、顺序等多方面的问题。此外，界定中出现的“译文”字样也有界定循环表达的嫌疑。

二、英语翻译的分类

关于翻译的分类，可以从不同角度进行划分。

（一）按工作方式划分

按照工作方式，翻译可分为口译、笔译、机器翻译和机助翻译。口译又可分为连续翻译和同声传译。机器翻译是现代语言学和现代智能科学相结合的产物，可望在某些领域替代人工翻译。

（二）根据内容题材划分

根据内容题材，翻译可分为文学翻译和实用翻译。文学翻译包括诗歌、小说等文体翻译，比较强调修辞特征、情感内容等方面的有效传达；实用翻译包括科技资料、公文、商务或其他资料的翻译，强调实际内容的表达。

（三）根据处理方式

根据处理方式，翻译可分为全译、摘译、缩译、节译和编译等。

（四）根据所涉及的两种代码的性质划分

根据所涉及的两种代码的性质，翻译可分为语内翻译、语际翻译和符际翻译等。

（五）根据所涉及的语言划分

根据所涉及的语言，翻译可分为外语译成母语和母语译成外语等，如英译汉、汉译英。

除了以上所列几种划分方法之外，在实际运用中还有许多具体的分类法，这里不一一赘述。

第三节　英语翻译的性质与原则

一、英语翻译的性质

（一）翻译是交流

翻译具有何种特性？其实，翻译理论和实践都必须以它作为自己研究对象，并为之服务，同时我们在翻译过程中所作出的各种决策，将直接受到对此问题的回答的影响。

翻译作为人类最伟大的创造性活动之一，它涉及文学领域，也渗透到社会生活的各个领域之中。翻译的可塑性和伸缩性比较大，从商品清单的逐次转译，到古典诗歌意境的再创造，涵盖了从语言基本单位到文化类型转换的全过程。在如此广阔的领域内，对于翻译这一概念，存在着多种不同的诠释。翻译的本质一直是学术界争论的焦点：翻译是一种艺术，翻译是一门科学……

其中文艺学派主张，翻译是一种通过创造另一种语言，实现相等美学价值的艺术再创造，因此翻译应该被视为一种艺术。

语言学派的看法为，翻译是通过一种语言符号，对另一种语言符号的意义进行表达，语言学的各项原则在翻译中具有广泛适用性，由此推测出翻译是一门科学。

这两种不同观点虽然有各自的理论依据，但都没有涉及翻译本质问题上存在着根本分歧的情况下如何处理二者关系的具体方式。从某种意义上讲，这两个派别都没有涉及翻译本身的问题，也就无法形成一个统一的结论来指导实践。

事实上，这场争论缺乏共同的基础，语言学派探讨的是一般的翻译原则，文艺学派则探讨的是特殊的翻译原则，语言学派注重客体要素，文艺学派则关注主体和受体要素。

在不同时期，翻译研究有着自己鲜明的特点。在不同民族之间进行交流时，由于文化背景和思维方式等方面的差异，必然会出现理解上的障碍，这就是文化因素。翻译的本质究竟是什么？本书认为，翻译是一项跨越语言和文化的交际活动，需要跨越不同的文化背景和语言界限，以促进跨文化交流和理解。不管是口译、笔译、机器翻译，还是文学作品和科技文章的翻译，共同目标均是促进信息的相互交流。

（二）交流的过程

要理解翻译的性质，我们必须看一看交流的过程。首要任务是对交流进行一个简要的定义，即交流是意义与信息，在个体或者群体之间相互传递的具体过程。因此，翻译理论和实践都必须以它作为自己研究对象，并为之服务。

1. 信息发出者产生想法

最初构思的人是信息的发出者。例如，当感受到房间的温度过低时，会产生考虑关闭房门的可能性，这样就会产生一个想法，希望成为一个可靠的信息源。

2. 信息的编码

编码实际上是一种把抽象概念，逐渐转化为具象语言或者手势、符号的过程。例如，可以直截了当地表达：“请将门关上。”或者采用一种间接的方式来表达：“可真冷啊。”希望室友可以理解这句话的真正意图，并将门关上。

3. 信息的传递

信息传递的媒介即为信道，如报告、电话等。例如，当感到房间的温度比较低的时候，向室友发出了一声“请将门关上”的提示。在这种情况下，可以将自己的声音视为最为有效的信息传递通道。

4．信息的解码

当信息被传递时，目标对象即为接收者。当向接收者传递信息时，他们在接收后会对其进行一种特定的解读和理解，通常我们将这一过程称为解码。

解码是一项重要的交际技能，它能帮助我们更好地了解对方。在汉语里，每个人都有自己独特的思维方式，他们会把不同的思想表达成一个整体，假如室友都能用中文交流，那么信息将会轻松地被解码。

在跨文化交际中，信息接收者必须要有自己的文化意识，并能根据对方不同的文化背景来解读他们所表达出的意思，如果室友只懂英语不懂自己的语言，那么解码过程就不会被启动。由此可知，唯有当信息接收者深刻领悟到信息的内涵，才能在交流中获得真正的胜利。

5．信息接收者作出反应并发生反馈

反馈主要是指信息接收者所作出的言语或者非言语的反应，向信息发出者反馈，所思所想已获得成功的认可和领悟。

例如，假如当室友关门的时候，可以感知到他已经接收并理解了信息，从而成功地进行了交流；如果对方没有任何语言或行动上的反应，那表明他并没有理解你的信息；或者室友问：“你说什么？”这时你也会知道信息没有得到成功的理解。

6．信息发出者调整信息

根据信息接收者的反馈，发出者将对信息进行精细的调整和优化，以达到最佳的效果。假如室友没有作出任何反应，可能会采取提高声音的措施，以确保话语能够传达到对方的耳边。

假如室友问“什么？”则可以传达一种微不同的信息：“我说，把门关上。”此时信息被成功地传递给了接收者，并经过解码处理。当他关闭门后，信息的传递与接收行为，也就是信息的传递与接收，便得以完成。然而，倘若室友仍未履行关门之责，那么便在传递一则讯息，即室友转变为信息发出者时，自身则成为信息的接收者。

交流的时候，必须留意降低交流中的噪声干扰，以确保信息的准确性。交流产生了声音和振动，这些都会影响到其他设备或系统的运行质量。噪声是一种干扰因素，它会导致交流的形态发生变化，交流时产生的噪声包括机械噪声、电气噪声，还有人说话时发出的声音等，它们都会影响人们的正常交流。

在交流的过程中，不可避免地会受到各种环境因素的影响，这些因素相互作用，共同塑造了交流的本质。和室友共享的居住环境为共同私人空间，这一环境所涵盖的范围除了限于室内发生的事件之外，还包括室外，如建筑物及其周边所发生的事件。如果一边把电视机开得很响，一边告诉室友把门关上，环境中的噪声能解释为什么室友没有反应或是问“什么？”话说回来，在交流过程中，每一步都可能会产生噪声干扰。假如在编码过程中使用了不当的措辞、手势，或者使用了错误的语言，那么实际上是在制造噪声。

在信息传递的过程中，若同时发出咳嗽声和言语，那么实际上在向信息接收者制造噪声干扰。当发出“将门关闭”的声音时，如果提高嗓音，会表现出一种愤怒的语气，甚至在这种情况下，也会发出某种噪声。此时室友会收到两个信息，即激愤与指令，这种含义模糊的表达方式给信息接收者带来了嘈杂的噪声，令他感到困惑和不解。除此之外，若信息接收者未能全神贯注地聆听言语，仅获取部分信息，那么信息接收者自身也在制造噪声，也就是信息的扭曲。

需要注意的是，单纯的信息传递并不足以构成有效的交流。交流产生了声音和振动，这些都会影响到其他设备或系统的运行质量。例如，当一位美国公民向一位不懂英语的中国人说“Close the door.”的时候，他所传递的是信息，而非实际意义。

因为“信息”只是在语言符号中表现出来的东西，“意义”则体现为人类社会生活中各种社会关系的总和，它包括了人们在交际过程中所获得的一切体验。要想成功地实现相互交流，双方之间既要有信息传递又要具有意义的传递。因此，这里有一个先决条件，即交流双方使用的是双方都理解的语言。从这个角度来说，人们的交流有语内交流和语际交流两种情况。

当一位美国公民向另一位美国公民发出“Close the door.”时，对方能够同时接收到信息与意义，并且关闭门，从而完成了这场交流。在同一语言内部的相互交流，被称为语内交流。由于不同文化之间存在着差异，人们大多通过一些符号或词语来传递信息，在先前所述的情形中，由于美国人和中国人之间的语言障碍，一旦美国人传递信息，中国人就无法对其进行解码，从而导致了交流的中断，为了解决这一问题，他们需要用另一种语言来表达。

当一位通晓中英两种语言的人用中文重新表达英文信息，并将其转化为再现信息的时候，中国人就可以真正领悟美国人的意图，从而成功地关闭大门。在跨语言交流中，人们通过翻译实现了一种被称为语际交流的交流方式。

（三）克服交流中的噪声

在翻译过程中，由于跨越不同语言和文化的交流具有一定复杂性，译者需要时刻保持警觉并克服噪声问题。当译者的笔误、理解错误等情况发生的时候，会产生噪声，导致译文读者仅能获取部分信息或被篡改的信息，同时译文读者在噪声严重的情况下无法很好地理解所获得的信息。

（四）交流中的非语言因素

非语言交流是相对于语言交流而言的。在口语交流中，非语言交流是指通过身体动作、体态、语气语调、空间距离等方式进行信息的传递。在书面交流的过程当中，非言语的表现形式涵盖了多种外在形式，如排版、字体等。翻译时产生噪声的原因很多，其中最重要的一点就是语言层面上存在着一定程度的误差。在翻译的过程中，非语言因素不是一个频繁出现的现象，但也是一个不能忽略的现象，因为非语言因素一旦出现，必然反映了作者的某种意图。例如：

胡同穿一件淡蓝色的睡衣赖在我床上唠叨着严厉的家教扭曲他个性的发展，说在家里他不能蜷在热被窝里接电话不能看电视时拿着遥控器乱按一气而不固定某一个频道也不能喝水太大声不能把报纸杂志丢得满床皆是。

（易术《再见萤火虫》）

分析：这个段落节选自易术的小说，这里描述的是一个名叫胡同的男生，赖在室友的床上没完没了地唠叨。作者有意在胡同的讲话内容中省略了一些标点符号的使用，显然是为了更加形象地表现人物的喋喋不休。也就是说，这一外在的非语言形式本身是有意义的，因此，在翻译时有必要进行保留。

译文：Hutong was lying on my bed in his light blue pajamas, prating on about how his strict family education distorted his personality, he was never allowed to receive a phone call under his warm comforter or to lick the buttons on the remote control instead of settling for one channel or to drink water noisily or to scatter the newspapers and magazines all over his bed.

非语言因素在英语电影剧本的格式中也有特别的运用。为了让导演和演员迅速和连贯地阅读台词，在处理人物对话时，剧作者会用大写和黑体来突出人物的名字，并将对话的位置缩进，使之基本居中。

（五）英语翻译的基本性质

1. 个体性

翻译都有人的活动参与，尤其是由译者而不是机器进行的翻译，都不可避免地带有译者的个人色彩。这与每位译者自己的教育背景、价值观、世界观、家庭社会影响息息相关。每个人对英语原文的理解、汉语的表达能力和文化修养也都不尽相同，译文也就体现着译者的不同素质和特点。

2. 社会性

从杨自俭的定义我们可以看出，翻译是“跨文化、跨语言的”“人类有目的的社会行为与活动”，由不同的社会因素、社会需求和社会作用，产生了不同类型的翻译。

翻译的社会性是指“不同历史时期对翻译的民族文化心理、社会的精神需求、社会接受程度”。换句话说，翻译绝不可能孤立于社会存在，“翻译作为一种社会现象而产生，又推动着社会文化的发展，贯穿于社会发展的全过程”。

3. 艺术性

刘宓庆在《翻译美学导论》中列出了翻译艺术性的三大特征：“普遍性、依附性和变通性。”① 翻译的普遍性在于，不管是什么样的文体，诗歌戏剧、散文经书、法律文件等，翻译都离不开斟词酌句、调整句式和润泽译文等文学加工。

翻译艺术的依附性则在于翻译不能脱离原文存在。翻译不是创作，不能译者想怎么写就怎么写，翻译会受到原文的文体风格、文化差异、语言差异等各方面的限制，可谓“方寸之地见功夫”。变通性则是指译文要符合本国读者的审美情趣、文化传统和语言习惯，就需要对原文的艺术美加以改造，在不失原文精髓的情况下，让本国读者欣然接受。

① 刘宓庆，翻译美学导论[M]. 中国台北：书林出版有限公司，1995.

4. 创造性

翻译的创造性主要指译者的主观能动性。译者在翻译的时候会受到诸多的限制，不能脱离原文任凭自己的喜好发挥；但从遣词造句的角度来说，译者又是具有一定自由度的。这个度里面，译者的创造性可以体现在文化的移植、形象的再现、语言形式的传达、新译名的设立等多方面。

5. 从属性

翻译的从属性与翻译的创造性相对，指译文的内容、主旨观点、感情思想、文体风格应当尽量与原文一致。译者不是作者，不能自己创作，只能根据翻译的要求尽可能忠于原文的艺术风格和韵味。

6. 多样性

翻译的多样性体现在译文的各个层面，从字词的选择到句式的调整、段落篇章的润色，无不见译者的功底。翻译的多样性指同一种意思可以有多种表达方法，也就是翻译中常提到的“意一言多”。

在不违背原文意思的情况下，同一个英语单词可以用多个汉语词汇来翻译，这可以使译文更加生动活泼，但同样也需要译者对原文有确切的把握，且中文涵养也需要达到一定的境界。

7. 科学性

翻译科学性的基础是“人同此心，心同此理”，即在地球生态环境大统一的基础上，人类的思维框架和意识形态是基本一致的。人类语言具有“同质性(homogeneity)”，即语言之间存在对应关系（equivalence），如“door”对应“门”，“school”对应“学校”，“cloud”对应“云”，英语主动语态“I finished the work.”对应“我完成了工作。”，被动语态“The child was taken home.”对应“那个孩子被领回家了。”，等等。当然英汉两种语言存在许多无法一一对应的情况，但从广义上说，语言之间的同质性与对应关系仍是翻译的科学性所在。

8. 部分性

翻译不可能面面俱到地把原文的意思、情感、思想、韵味移植到译入语中，大多数情况是，译出了一方面就很难再兼顾其他方面。因此很多时候译者必须作出取舍，根据当时的社会情况、翻译要求、译者的个人经历等翻译出原文的某些方面，对另一些方面则简单翻译甚至完全略译。

例如，在翻译诗歌的时候，英语诗歌的意境、音律、节奏往往很难在汉语中作出一一对应的翻译，为了让读者明白这首诗的意思，译者往往不得不牺牲诗歌音律方面的因素，而用无法形成韵脚或节奏的中文字词来翻译。

二、翻译的原则

（一）翻译的基本原则

1. 翻译的基本标准

（1）准确

在翻译过程中，翻译者应当以正确的立场为基础，明确表达正确的观点，避免犯下原则性的错误。翻译是一种有组织、有秩序的符号系统，具有信息传递功能和表达作用，可以使人们准确地传递信息，达到交际目的。

在写作之前，必须对原文的核心思想与内容有深入的理解，找出其中的难点所在，尤其是那些无法翻译的地方，然后再查阅相关的词典、参考书和参考资料，并且记录下提示词汇与术语。在完成必要的准备工作后，方可着手翻译工作，以符合中外语言文字的不同惯例，尽可能地还原作者的思想、语气、风格和情感色彩，力求达到“信、达、雅”的境界。在确定了主题以后，就要考虑到如何使译文符合译入语表达习惯和语言结构规则。

另外，还要掌握好译文与原文中句子结构上的对应关系，尽管英语和汉语都有对应的语汇，但在处理具体问题时，通常难以做到完全对应，这是一个普遍存在的问题。

（2）规范化

在进行英汉对译的过程当中，必须确保所选用的词汇、短语、句子和语法，均与本语种的一般规范与习惯相符合，以避免和减少出现中文西化和西文中化的问题。

由于在表达上存在着差异，所以译文必然是不同的，为了确保译文的规范性，必须深刻理解英汉两种语言文字的异同之处，否则译文将难以理解。

（3）贴切正方

在英语中，有时作者采用了形象比喻等修辞手法，使得句子的长度较长，在汉语中则很难找到与其相对应的语汇。此时，需要根据上下文的意义或整篇文章的中心思想，进行适当地处理，以确保不会损失、冲淡或扭曲原意。

2. 翻译的基本方法

英汉两种语言的文字，有些可以相互对应，有些则只能在部分上相互对应，这就要求译者根据不同情况选择相应的翻译手段和技巧来处理译文中出现的各种矛盾关系，使之既能忠实于原文又符合译语表达习惯，从而达到预期目的。

所以，在翻译过程中，最常采用的方法是将完全对译与部分对译相互融合，以达到更高层次的翻译效果。与此同时，为了顺利地完成翻译任务，需要进行一系列复杂的艺术加工，包括但不限于引申、拆散等，以达到最佳效果。以下所述，是对该主题的详细阐述。

（1）完全对译

一般情况下，针对专有名词、专业术语等，采用此种翻译方式进行对译，避免了一词多义的问题，因此具有较高的处理效率。

（2）部分对译

在面对多义词的时候，必须严格按照其在上下文中的含义，确定与汉语的对应或者接近程度，之后方可作出合适的选择。在一词多义的情况下，应严格按照上下文寻找相应或者比较接近的词汇，切勿盲目追求字面意义。

（3）艺术加工

翻译是一项需要不断创新的工作，并且已成为广泛认可的事实。由于语言与文化有着密不可分的关系，因而在汉译英过程中就必然涉及一些语言特点和思维方式等方面的问题。

众所周知，语言习惯和文化等方面存在差异，所以在英汉对译的过程中，需要采用多种不同的处理方式，此时可以将其概括为四个字：艺术处理。

（二）外贸英语翻译

随着我国改革开放和经济全球化的不断深化与拓展，自加入世界贸易组织以来，我国对外贸易活动不断扩大，对外贸易总额逐年攀升，为我国经济的蓬勃发展作出了卓越的贡献。

为了适应国际贸易业务不断增长的要求，提高我国对外经济交往水平，更快、更好地参与国际竞争，必须对世界上各国家、地区的经济情况有所掌握和熟悉。在当前的大环境下，日益多的国内经贸界人士，需要及时和精准地洞察、掌握国际经济形势和市场趋势，从而促进对外贸易的扩大，推动经济交流的便利，这就要求我们掌握更专业的国际贸易知识，尤其要精通外贸专业知识及商务英语知识。

随着中国经济政策、投资环境等多个方面的不断发展，越来越多的同业人士渴望了解中国的情况，以更好地在中国从事贸易与投资。也正是因为如此，随着国内外贸易往来的不断深入，外贸英语翻译的重要性也日益凸显。

1. 外贸英语的含义

国际贸易是一种跨越国界的交易活动，主要指的是一个国家生产的商品或者服务，和另一个国家生产的商品或者服务之间的相互交易。与此同时，我国对外经济交往日益增多。

外贸英语（经贸英语）既具有一般英语词汇系统的特征，又有其特定的语言特点，具有专业性强、语言地道流畅、句式灵活多变的特点，因此被广泛用于国际商务交流之中，如商业合同、单据等。外贸英语作为一种专门用途英语（ESP），可以说是随着全球经济和国际贸易的不断演变，逐渐形成和发展的英语之一。

2. 外贸英语的特点

（1）普通词汇转化为专业词汇

在外贸英语的翻译过程当中，存在一些词汇，其含义与文学翻译中的词汇有所不同，通常情况下我们将其称之为半专业词汇，它们是从普通词汇中转换来的。

半专业词汇一般由两种或两种以上词类组合构成，它们之间既有联系又有区别，有时还可以互换使用。在外贸英语中，半专业词汇的运用具有一定的灵活性，因此需要根据具体的语境进行翻译，以确保其含义得到准确传达。

（2）大量使用贸易术语

在外贸英语之中，经常会出现一些有固定组织结构和含义的术语，并且有的使用频率高，使初学者感到困难。这些术语被归类为贸易术语，大多用比较简短的概念或者外文缩写表达，明确价格的构成，规定所售货物的交货方式，明确运费、保险费等费用的承担方等。它们具有简洁、准确、鲜明等特点，能使人一目了然地掌握各种不同情况下的贸易方式及有关条款。

(3) 固定搭配的运用

在外贸英语的演进过程中，涌现出了大量固定的搭配和惯用语，这些习惯用语成了不可或缺的重要组成部分，其中一些常用又有一定规律可循的搭配对翻译具有重要作用。在翻译过程中，若无法精准理解这些搭配，翻译者在翻译的时候通常会产生错误。

3. 外贸英语翻译容易出现的问题

在外贸英语的翻译过程中，翻译者会遇到对词汇与短语的理解不够精准的问题。在商业英语中，部分词汇被广泛运用，若对其确切含义或者独特用途缺乏全面的了解，则易导致翻译错误。

因此，必须认真分析这些常见的错误产生原因及类型，并采取相应对策予以纠正，从而确保译文符合客观实际。精通易混淆短语的区别，是提升翻译品质的关键要素之一，这一点至关重要。

4. 外贸英语翻译的原则

(1) 忠实于原文

忠实于原文意味着译文无论是在语义方面，还是在语体方面，均与原文保持一致，具体而言就是确保内容与形式的一致性。然而，鉴于文体或文本类型的多样性，这一规范在外贸英语翻译及文学翻译实践中的应用仍存在一定的不同。

文学翻译所要求的不仅是译文和语义均忠实于原文，还需要在语气、结构等多个方面与原文尽可能地保持一致，以确保译文的完整性和准确性，文学作品一般都采用意译法进行创作，因此在其具体翻译过程中要特别注意对作品的理解。

外贸英语翻译既要符合一般翻译理论，又要考虑到其自身特点，更重要的是它具有特定的目的性和实用性。外贸英语翻译的核心在于实现信息的等效性，如果两种语言的表达方式存在巨大差异，无法较好保持语言格式的一致性，那么应该忽略形式，最大限度地保持原文的本质内容，这也是“忠实”的本质所在。

此外，在实际的外贸英语翻译过程中还需要考虑译者对目的语文化的了解程度及读者接受能力的强弱。在外贸英语翻译中，“忠实”指源语信息必须在目标语中准确表达，源语的语言形式是否可以在译语中完全复制，需要严格遵循原文与译文的各自语言与表达习惯，不能一概而论，缺乏多样性。

（2）译文表达精确

精准是外贸英语翻译过程中需要严格遵循的第二条原则，主要指的是译者在翻译的时候，把原文的语言内容，以不同的方式成功转换到译文语言内容的具体过程，并且在此期间需要用恰当、合适的词语将其表达出来，确保概念、物名、单位等正确、精准。

译者要想成功地完成外贸出口业务就必须掌握和运用好这一基本原则，否则很可能造成错误的结果。外贸英语和文学翻译都有其各自特点，它们之间既有共性又有区别，两者不能互相代替，也不可混为一谈。由于对外经贸活动通常在不同国家、文化的贸易伙伴之间进行，如合同、保险等方面，因此内容是具体和严肃的，其中一些具有法律效力，不容随意更改，任何不认真行为或者表述不准确均可能导致严重后果。

（3）符合外贸习惯

在外贸英语的漫长发展和贸易实践的过程当中，不仅已经形成了许多惯用的表达方式，还产生了很多固定的词汇和短语，这些惯例已经被业界广泛认可。

翻译者必须恪守这些惯例所规定的表达方式，并且在此基础上，还要根据不同情况选择合适的译法，唯有如此方能确保译文精准地传达原文的核心思想，同时确保读者能够准确地理解，使译文在国际市场上具有一定的竞争力，虽然少数的翻译存在瑕疵或缺陷，但它们依旧可以被外贸领域的商家所认可。

在国际贸易中，有些商品和服务都有严格的规定，如果违背了这些规定，就会造成贸易上的损失，所以试图对其进行任何改变都是徒劳无功的，因为这样做不仅违反了行业惯例，还有可能会引起不必要的误解和分歧，从而导致贸易纠纷，所以不应该轻易尝试。

（4）文体风格得体

文体风格得体主要指的是为了保持外贸文体的特征，译文必须在多个方面符合规范，通过使用恰当的词汇，使译文保留原文的文体和语言特点，同时恰当地运用修辞手段，不仅可以使文章生动形象，而且能增强语言表达效果。

外贸语言的文体形式呈现出一种稳定的表达程序与体例结构，无论是客观性、严谨性，还是语气的公正性，均彰显出其独特的魅力。外贸英语作为一种专门用途英语，主要用于国际贸易中的合同谈判、产品推销及商务洽谈过程，主要宗旨是确保外贸信息传递的准确性，推动交易双方达成外贸合作。

由于外贸业务本身的特殊性，使得商务英语文本中的词语搭配有自己独特的规律，所以外贸翻译的成功与否在很大程度上取决于所采用的语体是否达到同等水平。

（5）准确原则

译者在将原文语言内容转化为译文语言内容的过程中，必须严格遵守精准的词汇选择和概念表达，以确保翻译的准确性。在翻译商务信函、经济合同等文件的时候，确保准确性是至关重要的首要任务。准确原则是一切工作的基础和前提，没有准确就谈不上成功的交际活动。恪守确切的准则，确保在以下几个方面做到尽善尽美。

首先，在挑选词汇的过程当中，必须根据内在含义精选，切勿轻率地将其归为同一类别，要选择在语言环境中有特殊意义或用法的词语，并对其词义进行准确定位，这样才能保证译文的准确性。在商务翻译中，一些词汇与概念大多蕴含着独特丰富的内涵，因此直接从词典中寻找相应的词汇虽然是一种理所当然的做法，但是容易造成理解上的错误，缺乏可信度。

其次，在选用词汇时需谨慎，以免出现易混淆之处。对于经贸文件与资料而言，内容应当以严谨和具体的方式呈现出来，表述具有一定的准确性。在翻译过程中，必须审慎挑选那些容易混淆的词汇，否则可能会导致词汇含义不明确或含义含糊不清。

再次，必须对原文的内涵进行核实，确保其真实性。翻译者在翻译的时候必须确保译文的准确性，必须承担核实原文含义的职责，在开展翻译的工作中，必须仔细核对原文。有的时候原文读者不会有歧义的概念或者词语，假如译者采取直译的方法，那么译文读者在阅读的时候可能会产生误解，如在考虑使用“法郎”这一英文货币名称时，务必对原文进行仔细核查，不要单纯地把“法郎”解读为“法国法郎”，其实瑞士等国家的货币也被称为“法郎”。

最后，确保文体符合规范。词汇和文体息息相关，二者相辅相成。在不同的语域中，同一词汇所产生的文体效果各不相同，因此需要根据不同的文体，选择相应的词汇，以达到最佳效果。贸易文书作为一种实用文体，无论是内容还是读者都具有高度的针对性，与文学文体有着十分明显的差异。

（6）统一原则

为了确保翻译惯例的一致性，必须遵循并维持一致的原则。当有的翻译已经被广泛接受和使用的时候，不应再基于个人的理解与习惯创新，以免引起混淆和误解。

另外，由于某些商品的生产或销售过程中存在着一定程度上的不合理性，译者应该采取适当的变通措施，消除这种不科学现象。有些商品的名称已经形成了惯例，即使看起来译文有些难以理解，也不应随意更改。如果译者能从原文出发，结合自己的实际情况，采用恰当的方法进行创造性“叛逆”，那将会提高译文质量，从而更好地为读者服务。译者在面对人们日常生活之中某些物品的时候，应当充分尊重已经深入到大众心理中的现有翻译，而不应再进行词汇的创新。

对于在商务领域中广泛使用的术语和机构名称等，译者应当仔细检索相关的文献与词典，以便于选择最合适、恰当的翻译用法。此外，还应该注意避免使用不规范的译名。为确保翻译的稳定性和一致性，必须采取措施以保持语言的连贯性。

（7）简洁原则

外贸英语在翻译的过程当中，用词一定要简单、精准和明确。精准的翻译是外贸活动顺利开展的关键所在。由于我国目前还没有建立一套完整统一的对外经济贸易法，因此在对外贸易实践中经常会遇到许多不同程度的困难。

为了最大限度地减少和避免出现各种翻译难题，译者应当以更高的责任心为基础，不断加强自身的学习，深入了解与全面掌握更多的经贸知识，使自身的中英文语言修养得到较大幅度的提升，灵活掌握和运用多种翻译的技巧和方法。在对外贸易活动中，译者不仅需要精通专业知识和业务技能，还必须具备一定的外语能力，在翻译的时候必须根据具体情况，采用恰当的翻译技巧和方法，确保翻译的准确性和语义的一致性，同时与贸易双方的语言习惯和社会文化传统相符合。

（三）科技英语翻译

1. 科技英语文章翻译应遵循的原则

（1）翻译重“真”

在翻译过程中，必须确保原作品的内涵得到充分、精准的呈现，同时致力于追求和原作品的风格相契合。翻译实际上是一种涉及两种语言与文化的互动形式，由于东西方社会文化的不同，尤其是在科技英语领域，面临着理解和表达方面的挑战。科技翻译既不同于文学翻译，又区别于一般文体翻译，任何在科技翻译中出现的错误或不准确，都可能对科学研究、学术交流等方面带来一系列的负面影响和损失，甚至严重可能导致灾难性后果。

（2）翻译求“顺”

主要指的是确保译文的通顺易懂，同时与译语的语法结构和表达习惯相符合，让读者在阅读时候能够轻松理解。在翻译过程中，“顺”一词所牵涉的内容，不仅包括对一个单词的理解，还包括对整个文章结构的全面把握。

在严格遵循“顺”原则的过程中，必须精准地翻译出符合文章背景的纯科技词，并且对英语科技文献的表达特点进行深度的分析，探究英汉两种语言在科技文献表达方面的差异所在，另外还需要注意到科技术语使用的准确性，以及汉语表达方式与英文表达形式之间的差异等因素。在翻译科技英语到时候，必须全面考虑各个方面，从而使译文呈现出令人满意的顺畅性。

（3）翻译寻“美”

在科技英语翻译中，美所指的是一种逻辑上的美感和一种简洁的美感。科技英语的文体特征决定了它不能像文学作品那样讲究语言形式上的技巧。在翻译科技英语的时候，确保准确规范和通顺易懂是至关重要的，然而这并不意味着翻译科技英语就无法追求美感。相反，就某种程度而言，科技英语的语言形式本身所具有的特点决定了其翻译时必须遵循一定的美学标准。

科技英语的最独特之处在于其逻辑之美，由于科技英语是一种表达科技事实、解释自然现象的独特语言，所以在翻译的过程当中必须严格遵循逻辑严密、推导合理、无懈可击的重要原则，从而确保译文不仅具有较强的说服力，同时也将文章的逻辑之美充分展现出来。科技英语也具有很强的文学性，即语言形式上的严谨与内容上的生动相结合。

科技英语的另一种美在于简洁和明了的特点，即译文应当简洁明了，避免冗余和不必要的重复，以呈现简洁明了的最终效果。科技英语最主要的审美特征之一是求真，即遵循客观实际，实事求是，在科技英语的翻译过程中，必须在确保翻译的真实性和顺畅性的前提下，恰当地追求译文的审美价值。

2. 科技英语的特点及常用的翻译方法

（1）被动语态及其译法

在科技英语中，科学技术论文着重强调叙事的推理性，避免和减少主观的臆断，也就是不强调动作的执行者。作者要表达自己对事物的看法，就必须运用科学术语叙述事情发生发展的过程，这种术语就是被动语态。所以，广泛采用被动语态是英语科技语体表现出的一种惯例特征，与很少使用被动句的汉语相比，有着十分显著的差异。

（2）长句及其译法

在科技英语中，事实与逻辑的推导是至关重要的，因此需要采用一种无缝衔接的方式，以进行完整和充分的阐述，这就需要运用复杂与扩展的结构，使句子变得更长。长句在语言中占着相当大的比重，并且之所以引人注目，是因为从句和短语数量众多，同时还具备并列结构或省略、倒装语序，进而呈现出一种复杂的结构。

另外，还有大量的复合式句型、简单明了的单语句式，以及各种不同类型的缩略格式等。为了克服长句翻译的难点，必须凭借扎实的基本功，这需要翻译人员具备广博的专业知识和深厚的中英文造诣，这是必不可少的。近年来，由于科学技术迅猛发展，许多新技术不断出现，在这种情况下，长句的译法越来越受到人们重视。掌握长句的翻译技巧，对于科技翻译工作至关重要，这是不可或缺的。

①顺译法

当英语长句中的句法结构，同逻辑顺序或者汉语比较相似的时候，译者在翻译的时候应该严格按照英语原文中的顺序。

②倒译法

在翻译的时候，译者经常会遇到英语长句的表达顺序和汉语表达习惯的方式有区别，甚至相反的情况，此时可以通过倒译的方法来翻译，具体而言就是按照汉语表达的习惯，将原文的顺序改变。

这类长句的独特之处在于，主句之后附有相当长的状语短语、状语从句，或者主句之后有比较长的宾语从句、定语短语等。由于这些结构上的原因，在倒译过程中有时会产生一些错误，如主语颠倒、谓语倒置、动词前后不一致等，因此在翻译的过程当中，需要与汉语的惯常表达方式相结合，把状语从句等语言元素置于主句之前。

③拆译法

拆译是一种对原文句子结构进行调整和改变的翻译方法，目的在于对原文进行重构，便于翻译。实际上，本质在于将原文中较为冗长的句子成分或难以编排的句子成分，通过不同的方式拆分，以便于翻译成简短的句子。

在实际的科技英语长句和难句翻译过程中，需要灵活运用多种翻译方法，以满足不同的需求。

（四）商务英语翻译

1. 准确性原则

商务英语翻译的基石在于准确性原则，要求翻译者在翻译的时候以确保准确翻译出词句的本身含义为前提，尽可能多地为读者提供等值的原文信息，并且无论在语法的使用上，还是在词汇的拼写上，均做到严谨和准确。

商务英语译者应秉持严谨的态度，把注意力集中于目的语言的表达意义上面，和文学翻译相比而言，商务英语不需要华丽的修饰词汇，而是需要从内涵出发，选择恰当的词汇。商务英语中的许多词汇和观念有着十分丰富的内涵，如果直接使用词典中的词汇翻译，那么与原文词汇所表达的意义往往会有不同。

2. 专业性原则

翻译人员在商务英语翻译的过程当中，会根据某一特定领域的独特需求，运用恰当的技巧和方式，帮助读者从翻译中获得更多相应的专业信息，这就是专业原则。商务英语具有较强的综合性与复杂性，所以对翻译过程中所采取的策略也就提出了较高的要求，需要译者能够熟练掌握相关专业知识，并且拥有一定的实践能力。

在商务英语翻译中，掌握会计学、经济学等多个边缘学科的特点，是确保翻译专业性和可靠性的必要前提，因此，一名合格的翻译人员不仅需要具备专业的翻译知识和技巧，更需要全面了解与熟悉这些学科的特点。由于商务英语翻译涉及许多复杂的概念，需要译者充分掌握一些常用词语及其相关含义，如 CIF 作为价格术语，不仅代表着定价条件，还隐含着买卖双方权利和义务的内涵。

因此，在商务英语翻译的时候，一定要仔细推敲，准确把握词义，使其能够真正地服务于贸易双方，一旦翻译人员误用其中的词汇，很容易引发各种争议和纠纷，导致事件变得复杂烦琐，浪费大量时间，进而造成经济上的损失。

3. 循例性原则

在翻译过程中，词汇的惯例用法是不可随意改变的，即使翻译人员改变了译法，这句话或词汇的意思也没有错误，但是由于这些内容的翻译已经被广泛验证和接受，成为一种约定俗成的习惯。此时，翻译人员进行推陈出新没有太大的意义，反而容易导致人们在理解上出现错误。因此，在对外贸易的过程中，一定要注意翻译惯例，对于许多贸易商品的名称翻译，建议查阅相关词典，一定不可凭借个人经验直接翻译，因为其中许多名称已经被固定使用，虽然在语法上可能存在不通之处，但却一直被沿用至今，只要被更改反而会让读者产生莫名其妙的感觉。

第四节　英语翻译的标准

翻译的标准是翻译理论的核心问题，也是一个极具争议性的问题。刘宓庆指出，“语际的意义转换不能是随意的，它必须遵循一定的规范，才能使翻译成为有意义的社会行为。”[①] 这里所说的规范，就是翻译的标准，是指导翻译实践，评估译文质量的尺度。

一、有关翻译标准的争论

翻译的标准是什么？这个问题的答案首先取决于对翻译性质的理解。在前文我们已经讨论过，不同的学派在看待翻译性质时具有不同的视角，因此，对于翻译标准自然就会得出不同的结论。

有关翻译标准的争论由来已久。早在 19 世纪末，翻译家严复就提出了“信、达、雅”的翻译标准，在此基础上，许多学者和翻译家提出了自己的独特见解，比如傅雷的“神似”标准和钱钟书的“化境”标准。这也正是人们常说的“信重于美”“信达雅”的原因所在。通常情况下，传统的翻译规范可概括为两个字，

① 刘宓庆．新编当代翻译理论[M]. 北京：中译出版社，2019.05.

即信和顺，二者相辅相成。然而，由于译入语语篇信息传递过程中受语言结构、文化习惯等因素影响，致使译文不能很好地再现原文所表达的思想内容，从而使译文达不到应有的效果，因此在翻译实践中，译者常陷入一种两难的境地，因为信和顺之间存在着一种相互依存的关系。其实，从某种意义上讲，这两种不同的翻译原则也反映了两种文化间的差异。因此，对于这一规范和标准，翻译领域长期以来一直存在着激烈的争论。在翻译的历史长河中，曾出现过一种截然相反的局面，即“宁信而不信”和“宁顺而不顺”，其中林纾与庞德的翻译作品呈现出一种片面追求翻译效果的典型特征，这表明他们对于译文的质量和深度有着深刻的认识和理解；鲁迅所提出的翻译标准与前者形成了鲜明的对比，他主张为了忠实于原作，必须对其句法结构进行充分的保留。

长达几千年的中外翻译历史中，对于翻译标准的争论从未停歇，并且至今仍未达成共识，导致翻译标准成了翻译界的哥德巴赫猜想。那么什么是翻译标准呢？部分学者主张，思维方式存在单向性或者定向性，倾向于采用非此即彼式的推理方式，以期找到一种具有绝对性和唯一性的翻译标准，同时这也是导致这个问题无法解决的根本原因。翻译作为一项复杂的概念，评价取决于不同读者的主观判断，因此追求绝对唯一的标准是一种不切实际的尝试。

二、翻译标准多元互补论

翻译标准多元互补论所涵盖的内容主要有以下几个方面。

（1）翻译的规范是由多个元素构成的，而非单一元素。

（2）翻译标准是一个复杂、不断变化、有机的标准系统，多元性使其成为一个不断演化的概念。在此系统中，最优的近似度被视为至高无上的准则。最优的近似度是一种抽象的标准，它可以描述一个形同虚构的情形，但真正具有实际意义的是一大批具体的标准。

（3）在具体的标准群中，主标准与次标准之间存在着显著的差异。

（4）多元翻译标准相互补充，共同构成了一种综合性的翻译体系。

传统意义上的“忠实”论被多元互补论所颠覆，因为只有在保证译文在语音、语义、句法结构等各个层面都忠实于原文的前提下，才能实现真正的翻译，将“忠实”替换为“最佳近似度”，可以提高翻译标准的实用性。“最大相似度”和“最小差异值”则可以用来衡量译文与源语信息之间是否达到了最理想的一致程度。最佳近似度的具体标准是由时间、空间和认知主体之间的多种关系所决定的，并且具体标准发生改变主次关系也会随之变化。所以，在翻译时必须结合具体情况来选择合适的翻译标准，否则就会影响译文的质量和功能。从宏观层面来看，不同体裁的标准需要进行相应的调整，如科技文章的翻译标准不能简单地等同于文学作品的翻译标准，广告的翻译标准也不能简单地等同于电影剧本的翻译标准，这一点至关重要。另外，翻译的过程就是理解与表达相统一的过程，所以译者必须要了解和把握原文作者的意图和目的。从时间的角度来看，翻译是一个不断演变的概念，如读者对译文的接受心理，会随着时间的推移发生变化，过去认为没有接受性的翻译并不代表现在没有接受性的情况。

综上所述，翻译标准多元互补论，将翻译理论家们对于一个唯一正确与绝对实用的翻译标准的设想推翻，取而代之的是一个辩证的标准群，不仅包含了抽象与具体的标准，还包括了最高标准与临时性主、次标准等。这些规范均具有一定的稳定性，在持续变化的发展过程中相互对立、补充与转化，形成了一种动态的状态。

三、翻译的传意性与可接受性

必须承认，放之四海而皆准的翻译标准是不存在的。相对来说，多元翻译标准为检验和评估翻译作品的质量提供了一个更为理性、更加现实的理论体系。不过，在实际翻译过程中，译者往往需要一个高度概括、言简意赅、易于记忆的翻译标准。严复的“信、达、雅”虽然不够科学，却深入人心、经久不衰，至今仍是许多人心目中理所当然的翻译标准，其原因也许就在于此。从这个意义上说，“信”与“顺”的可操作性是值得肯定的，而且在翻译活动中仍然可以作为一般意义上的指导原则。不过在这里，我们将启用两个意义更加具体的术语来取代“信”与“顺”，那就是传意性与可接受性。

传意性主要指的是最大限度地将原文不同层面的意义充分展现出来。可接受性指的是在词语组合、语篇安排等方面，译语所能提供的可读性和可适应性。可接受度即译文读者是否能完全理解或接受原作所传达的信息。具体而言，可被接受的因素有符合语法规范、符合惯例、具备语体适应性、意义明晰、条理清晰。

随着文化全球化的持续推进，文化意义的传递在传意性方面被时代提出了更多、更高的要求，所以译者应该注重翻译中的文化元素，努力寻求源语文化色彩与可接受性间的最佳平衡点。除此之外，在传达信息功能的基础上还要考虑到读者的阅读期待，随着不同文化之间的相互渗透和影响，读者对外来文化的接纳能力不断提升，无论是外来词汇还是表达方式，均进入了中国文化的认同区，从而使中文的语言习惯发生了相应的改变。这说明，译作的成功与否很大程度上取决于其能否充分传达源语文化信息和作者意图。从这个视角来看，具备更高的传意性和信息传递能力既是必需的，又是一种可能性。

在翻译的过程中，译者自然而然地怀有一种必须忠实于原文的心理，并且他们的思维也会在一定程度上受到原文表达形式的限制和影响。译者在此情形下会自觉或者不自觉地追求与原文在词汇选用、句子结构等方面的一致性。事实上，这种做法所带来的效果有时并不尽如人意，虽然表面上看译文与原文在形式上呈现出完美的对等关系，但在意义上却存在着不一致的情况，可能会让译文变得晦涩难懂，让人感到难以理解。因此，如何处理好翻译中的形式与意义之间的关系就显得十分重要了。需要特别强调的是，因为英汉两种语言之间具有较大的差异性，单纯地追求形式上的对等，会严重削弱译文的可接受性，甚至还可能导致意义的扭曲。因此，在翻译的时候应该根据不同文体、文化背景及翻译目的，确定译文与原文的对应程度，从而使译文尽可能符合译语的表达方法和交际意图。为了确保原文信息得到最大程度的有效传达，译者需根据译文的惯常表达方式对原文进行恰当地调整，以便使交流的顺畅性得到较好的保障。

四、各译者的翻译标准

（一）严复：信、达、雅

中国约有 2 000 年的翻译史，但严格说来，真正意义的翻译理论始自严复（1854—1921）1898 年发表的《天演论·译例言》。在这篇《译例言》里，严复把翻译标准概括为“信、达、雅”三个字。

在早期，许多人将“信、达、雅”之说奉为至高无上、独一无二的准则，也是被奉为金科玉律的重要法则。随着时间的推移和翻译研究的不断深入，人们逐渐意识到“信、达、雅”这三个字之间存在着内在的矛盾和不协调性，于是就有了对它的争论和修正。其中，“雅”这个字遭受了最为严厉的批评，有不少学者认为，若原文不具备“达”“雅”之意，译文却兼具“达”与“雅”之意，这岂不是一种犹不及之事，仍难以获得“信”？

另一方面，译界也不时有人在经过一番比较研究之后，得出结论说：“还是‘信、达、雅’好。”

然而，这些人都各自赋予了这三个字新的内涵，已不完全是严复的本义了：所谓忠实、通顺、美；达意、传神、文采；正确、通顺、易懂；求实为信，流畅为达，可读为雅，不一而足。尤其是对“雅”字，似乎人人能解，但解各不相同。

严复的“信、达、雅”，历经近百年，至今仍广为引用和研究，可见其影响之深远了。

（二）瞿秋白：等同概念

瞿秋白的“等同概念”在我国翻译史上，首次将翻译的焦点由原文的作者转移到原文的读者，即由信息的发出者转移到信息的接收者，极具启迪意义。因为交际总是涉及双方，因此，翻译研究不能是单向的。

（三）傅雷：重神似不重形似

关于翻译标准，在《高老头》重译本序中，傅雷深刻阐述了一种以效果为导向的翻译理念，即翻译应该像临画一般，追求的不是形式上的相似，而是内在的相似之处。就实际工作而言，翻译的难度远高于临摹与临画，因为原稿是原物，译文则是译文。临画和原画的素材相同，无论是颜色、画布、纸张还是绢布，它们的法则都是一致。译本和原作相比，文字无法与其匹敌，并且其规则也与原作大相径庭。因此，译者要想忠实于原文，就必须认真研究和掌握各种不同语言文字之间的差异，以便在译文中再现这些差别。每一种文字都有独特之处，每一种都有其独特的优点和无法模仿的缺陷，也都有其不可侵犯的规则，即便是与英、法等无比接近的语言，也存在着许多难以相互翻译的地方。

假如熊掌与鱼无法兼得，那么是应该坚守原文的本质，还是应该坚守原文的形式？在翻译理论的争论中，这一问题一直备受关注。傅雷对严复以来我国的翻译经验进行了总结与概括，主张翻译应注“重神似而不重形似；得其精而忘其粗，在其内而忘其外”，这一理论不仅指导我们如何处理好原作与译文之间的关系，还指出了翻译中应该注意的一些问题，如直译、意译及通顺等，为翻译实践提供了深刻的指引，具有重要的实践意义。

（四）钱钟书：“化境”说

文学翻译的至高境界在于将其转化为具体的语言表达。将作品从一国文字转化为另一国文字，既可以最大限度地避免因语言习惯的差异，暴露出生硬和牵强的痕迹，又可以将原有的风味完美地保留下来，这样才能真正融入文化的氛围之中，即入于化境。在17世纪，有人对这种翻译的造诣赞叹不已，将它视为原作的“投胎转世”，仿佛脱胎换骨一般，并且精神资质则一如既往地保持着自我。

（五）许渊冲：扬长避短，发挥译文语言优势

以原文内容为忠实依据，运用译文形式的通顺表达，并充分发挥译文的优势，可作为文学翻译的基准，这是由译者在原文中所体现出来的一种文化素养和艺术技巧的结晶。译文语言的优越性能不被翻译所取代，但若能充分发挥其优势，则翻译将变得更加卓越。

第五节　中外翻译发展史

一、西方翻译发展史

（一）翻译学早期历史

有关翻译的记述可以追溯到很久以前，翻译实践在文化与宗教的文本和概念的早期传播中起了关键作用。在西方，多位学者曾就翻译方法问题展开讨论，其中包括马尔库斯·图利乌斯·西塞罗（Marcus Tullius Cicero）和昆图斯·贺拉斯·弗拉库斯（Quintus Horatius Flaccus），以及圣哲罗姆（St.Jerome）。他们的思想直到20世纪都具有深远的影响。以圣哲罗姆为例，他将《圣经》的《七十子希腊译本》译成拉丁语，对后世《圣经》翻译产生了比较深远的影响。在西欧，

历经千余载，尤其是16世纪宗教改革时期，圣经翻译始终是不同意识形态之间激烈交锋的主要“战场”。

尽管翻译实践源远流长，但直到20世纪后半叶，翻译研究才逐渐演化成为独立的学科，在此之前，翻译往往仅被视作语言学习的一部分。确切地说，自18世纪末至20世纪60年代及后来，许多国家中学的语言学习一直沿用所谓的语法翻译法。这种方法起初用于学习古典拉丁语，后来用于现代外语的学习，强调对语法规则和句型结构的死记硬背，再通过翻译句子来练习和测试。这些句子通常是专门设计的，仅用来体现所学的语言结构，彼此间毫无关联。

翻译与语言教学的结合，在一定程度上解释了为什么学术界轻视翻译，翻译练习只是读者在尚未能阅读原文之前阅读外语文本的方法。故此，自二十世纪六七十年代以来，尤其在一些英语国家，随着直接教学法和交际教学法的兴起，语法翻译法越来越遭人诟病。交际教学法强调学生学习语言的本能，努力在课堂复制“真实”的语言学习环境。通常情况下，这种方法更注重和强调学生在口头表达方面的能力，而非书面表达的技巧与能力，至少教学早期如此，而且一般避免使用学生的母语，结果，翻译在语言学习中已被完全淘汰。自此，在教学方面，翻译的应用范围被限制在高级、大学语言课程及专业翻译培训领域，只是到近年来才在语言教学中重新被使用。

20世纪60年代的美国，自爱荷华和普林斯顿开始，翻译工作坊的概念促进了文学翻译。翻译工作坊主要为了向目标语文化输送新的译作，并对翻译过程中和解读文本时的一些细致原则展开讨论。同样促进文学翻译的还有比较文学，对文学进行跨国和跨文化的比较研究，当然也就需要研读一些翻译作品。

翻译也是对比语言学的研究对象。该学科主要针对两种语言进行对比，试图找出两者间的一般和特殊差异。自20世纪30年代起，对比语言学在美国发展成为系统的研究领域，60年代和70年代为其鼎盛时期。翻译作品及翻译实例为这些研究提供了大量的数据。这种对比的方法虽然未能吸纳翻译作为交际行为的理念，也没有将语用元素与社会文化有机地结合在一起，但它对一些重要的语言学翻译研究，如J.-P.维奈和J.达贝尔内及约翰·卡特福德（John C.Catford）的理论产生了重大的影响。长期以来，翻译学研究一直沿用语言学研究模式本身就表明语言学与翻译之间显然存在着固有的联系。在所采取的具体模式中，有生成语法、功能语言学及语用学。更具系统性的语言学方法在二十世纪五六十年代开始出现，其中一些研究如今已经成为经典，例如：

（1）维奈和达贝尔内合作出版了《法语英语文体比较》，对英语和法语进行对比，首次提出用于描述翻译的一些关键性术语。这部著作1995年才译成英语。

（2）阿尔弗雷德·马尔布朗（Alfred Malblanc）针对英语和德语翻译作了同样的研究。

这一更为系统化的研究方法，已经开始揭示翻译领域中的“科学”研究范畴。奈达1964年出版的专著《翻译科学探索》在书名中使用了“科学”这个词。相对应地，在德语中，萨尔布吕肯的萨尔兰大学的沃尔弗拉姆．威尔斯（Wolfram Wilss）在教学和科研中也使用了翻译科学这个概念。另外，海德堡的温拿·科勒（Werner Koller）、奥托·凯德（Otto Kade）和阿尔布特·纽伯特（Albert Neubert）等非常活跃的莱比锡学派学者都采用了这个词。当时，这个刚刚出现的学科名称尚未确定，也有学者建议用其他一些名称，如“translatology”，以及该词的德语对应词“Translatologie”、法语对应词“traductologie”、西班牙语对应词“traductologia”。

（二）20世纪70年代以来的发展

20世纪70年代以来翻译学发展迅速，霍姆斯图中所描绘的许多领域都凸显出来。对比语言学一度受到了冷落，但由于语料库翻译研究取得的成就，又重新受到关注。在德国，尽管以语言学为导向的翻译“科学”依旧蓬勃发展，但是与之紧密相关的对等概念却受到了不同程度的质疑，并不断更新。德国兴起了围绕文本类型和目的的翻译理论。在澳大利亚和英国，多位学者将其理论应用于翻译研究，如哈蒂姆（Hatim B.）和梅森（Mason I.)、卡尔扎达·佩雷斯（Calzada Perez)、杰瑞米·芒迪（Jeremy Munday)。70年代末至80年代，源于比较文学和俄国形式主义的描述性翻译研究开始兴起。特拉维夫是开创此研究的中心，在这里伊塔马·埃文－佐哈尔（Itamar Even-Zohar）和吉迪恩·图里（Gideon Toury）倡导文学多元系统的理论，该理论强调不同文学和体裁之间，包括翻译文学和非翻译文学可相互竞争，争取主导地位。这些多元系统学者与比利时的一个研究小组紧密合作，包括何塞·朗贝尔（Jose Lambert）和已故的安德烈·勒弗维尔（Andre Lefevere），同时与英国学者苏珊·巴斯内特（Susan Bassnett）和西奥·赫尔曼斯（Theo Hermans）联系也很密切。其中一部重要文集是由西奥·赫尔曼斯编著的《文学的操纵：文学翻译研究》，因此才有了“操纵学派”这个名称。后来巴斯内特和勒弗维尔共同编著的《翻译、历史与文化论集》又引入了“文化转向”一词，这个动态的、以文化为导向的研究路径主导了之后十年的翻译研究。

90年代出现了一批崭新的研究方法和概念，包括以雪莉·西蒙（Sherry Simon）为领军人物的加拿大翻译与性别研究、埃尔斯·维埃拉（Else Vieira）倡导的巴西食人主义学派、杰出的孟加拉国学者特贾斯维莉·尼南贾纳（Tejaswini Niranjana）和佳亚特里·斯皮瓦克（Gayatri Spivak）推动的后殖民翻译理论。在美国，劳伦斯·韦努蒂（Lawrence Venuti）从文化研究角度分析翻译，呼吁更加彰显译者身份，认可译者的贡献。

后现代主义哲学是一种哲学思潮和哲学体系，后现代主义翻译教学思想就是基于后现代主义哲学而发展来的。“后现代”并不是指“时代化”意义上的一个历史时期，相反它是对“现代性”和“现代主义”的一种反思，是对一些显而易见的主流社会观念的挑战，同时也是推崇多样性与差异性的思维方式之一。它强调人在历史发展中所具有的主体性与创造性，提倡以个体为中心，尊重个性差异，倡导平等对话、合作交流等现代精神。这一方案更具适用性。罗斯玛丽·阿罗约（Rosemary Arrojo）认为，在翻译教学中，只讲解标准、权威的专家译文不利于培养学生的翻译能力，要尊重学生的个性，因为学生在阅读和翻译上存在一定差异性和多样性，对原文和译文的文本建构需要在平等对话的基础上才能完成。但阿罗约的论述仅停留在理论层面，她没有深入课堂实践，没有针对教学中的一些具体问题提出较可行的执行策略或方案。与阿罗约的观点不同，后现代翻译教学观的另一位代表人物道格拉斯·罗宾逊（Douglas Robinson）认为译者对文本作出的直觉反应既受个体因素的影响，也受译者所在文化的制约。基于这种观点，翻译教学应注重培养学生的直觉反应，教师应创造一些尽可能接近于真实翻译过程的情境，让学生在这种情境中学习如何解决翻译中的各种问题，最终培养学生对正确的翻译策略、好的译文的直觉反应。也就是说，翻译教学的目的就是通过创造真实的情境，帮助学生构建对翻译的个体体验，形成思维习惯和直觉反应。

虽然阿罗约和罗宾逊的教学思想有不同的侧重点，但他们两个都解构了教师的权威性和专家译文的权威性，强调注重培养学生的自我观念，突出对学生个体差异的尊重。

进入新千禧年以后，翻译学发展的速度就更快了，而且特别关注下列问题，翻译、全球化和抵制的问题，翻译社会学和翻译历史学，翻译培训，以及过程导向的研究。新科技给翻译研究和翻译实践都带来了革命性变化，这包括视听翻译、本地化以及基于语料库的翻译研究等新领域的出现。此外，翻译学也扩展到其他国家，尤以中国和阿拉伯国家为最甚。

2000 年，唐纳德·基拉利（Donald Kiraly）在专著 *A Social Constructivist Approach to Translator Education*：*Empowerment from Theory to Practice* 中，提出了社会建构主义翻译教学理论。社会建构主义是当代西方社会科学哲学的一股重要思潮，认为知识是社会群体互动和协商的结果，个人可以通过与他人的互动与协商，主动建构起自己对客观世界的认知，并形成知识体系。换句话说，知识的获得并不是一个被动的过程，而是认知主体通过协商主动建构起来的。

翻译活动是一个过程，该过程是动态的，它的体现形式并不是最终的产品——译文。因此，我们可以说，翻译教学并不是知识性的教学，仅靠教师知识性的灌输并不能让学生对翻译活动有深刻的体验。翻译活动至少包含四个方面：译前准备、翻译、译后编辑和校对，每个方面都需要学生在模拟的翻译项目中通过相互交流主动建构起自己对翻译活动的认知，并形成知识体系。

以前，译员只是作为一个个体向客户提供语言服务，而现在，译员作为一个群体向客户提供语言服务。很多项目需要多位译员合作才能完成。因此，在训练时，教师的任务之一就是要让学生懂得译员不仅要理解并且完成一项翻译任务，而且要在一个专业的团队中根据团队的规范和预期来完成这项任务。让学生了解、体验自己的社会角色是翻译教学一个必不可少的环节。

即使学生掌握了翻译知识和技巧，也不一定能够较好地完成具体的翻译任务。因为翻译知识和技巧的知识结构与很多学科的不同。多数学科的知识结构体系比较固定、清晰，不会轻易发生改变。在解决问题时，按照知识体系的结构逐层分析会有很大的帮助。但翻译知识和技巧的知识结构体系既不固定，也不清晰，并且会随着具体情境的不同而发生变化。在翻译实践的过程中，译员更倾向于各种翻译技巧的综合运用，而不是借助知识体系的框架结构去逐层分析。

无论是知识体系的构建，还是社会角色的培养，都离不开互动与协商，离不开团队协作，可以说，基拉利提出的社会建构主义翻译教学理论正好契合了翻译教学的这一特点。

二、中国翻译发展史

我国翻译活动大致经历了四个不同的发展时期，即古代、近代、现代、当代，又可以细分为如下五个发展阶段。

第一阶段：西汉至明末清初。中国最早的比较正规的翻译出现在春秋战国时期，《周礼》中有言："通夷狄之言曰象；胥，其才能者也。"意思就是精通少数民族夷狄语言的人称为"象"，由此可见在当时"象胥"实际上行使的就是现在翻译官的角色。隋代至唐代是我国佛经翻译事业发展的鼎盛时期。其中，宗教文献翻译是旅游翻译活动中意义最为重大的，玄奘便是其中的杰出代表。玄奘西行印度十七年，专注于佛经的翻译工作，完成了75部佛教乘经论的翻译，共计1 335卷，一千多万字。玄奘的译作从数量和质量上都达到了中国佛经翻译史上的高峰，为世界了解中国作出了巨大的贡献。佛经的翻译自后汉至宋代，历时一千二三百年。在北宋初期，翻译活动曾一度盛行，但随着时间的推移，其影响力逐渐降低。明代永乐五年，它重新崛起，焕发出崭新的生机。随着明王朝统治地位的确立和对世界文化了解程度的提高，又出现了大量的译者，为了进一步满足对外交通的需求，四夷馆应运而生，致力于为翻译人才提供培训。在明代晚期，随着西方学说的东传，翻译工作呈现出更为蓬勃的发展态势，然而随着时间的推移，翻译的方向已经发生了翻天覆地的变化，不再局限于印度的佛经，开始接触更加广泛的领域，涵盖欧洲的天文、几何等多个领域的典籍，使中国的翻译史进入了一个全新的发展阶段。在明代，采取了对外开放政策，尤其在郑和下西洋后，中国与外国往来更为密切，大量科技、天文、地理等方面的书籍引入中国，对中国社会发展有重要推动作用。

第二阶段：明代万历年至清代"新学"时期。严复作为清末翻译界的代表人物，不仅是启蒙思想家还是翻译家，他经常借鉴和参考西方资产阶级思想家的著作，并且将自己的思想和想法表达出来。他的卓越之处在于翻译实践，更在于他借鉴了我国古代佛经翻译的经验，结合自身的翻译实践，在《译例言》中提出了一套“信、达、雅”的翻译标准，这是他的重要贡献之一。

中国近代旅游史以1840年鸦片战争为起点，旅游业的兴起和发展，为我国现代旅游业的繁荣奠定了坚实的基础，同时也对近代中国社会政治、经济、文化等各方面产生了广泛而深远的影响。1923年，中国近代第一家旅行社在上海成立，隶属上海商业储备银行下属的旅行部，并于1927年更名为中国旅行社。闭关锁国的清朝被外国枪炮和鸦片攻破后，中国成立了当时最大的两个翻译机构——京师同文馆和江南制造局，翻译的内容主要为工业和军事制造。民国时期，翻译又达到一个新的高潮，大量爱国书籍、红色书籍、启蒙书籍等引入中国。

第三阶段：五四运动至1949年中华人民共和国成立。在这一历史时期，文学创作开始涉及马克思列宁主义经典著作及无产阶级文学作品，如《共产党宣言》。译作中出现了一些新词、新术语，文言已被白话所取代。

第四阶段：1949年至1976年。其主要特点是：

①翻译工作开始具有职业化的组织性和系统性；

②翻译已经从单纯的汉语翻译转变为一种注重汉语和外语的双重翻译方式；

③翻译作品的品质得到了显著的提升；

④翻译标准日趋统一。

第五阶段：1976年至今。在实践中，翻译事业已经进入了一个全新的发展阶段，译学理论研究空前活跃。翻译工作已经演变成了一个涵盖多个方面和层次的交际媒介，翻译的规模和质量得到了质的提升，涉及的主题也得到了扩大，翻译形式也变得更加多样化，同时还出现了机器翻译（CAT）的概念。

我国的翻译工作在改革开放时期达到了历史上的巅峰，尤其是在介绍西方文化方面，一方面在思想、文学等多个方面的翻译工作上表现十分出色，另一方面在介绍西方的经济建设与科技发展信息方面，以及在世界文化史上也名列前茅，促进了我国现代化建设事业的进一步发展。

中国的文学翻译理论是全球历史上应用最为广泛、水平最高、影响最为深远的翻译理论之一，它为我国争取成为世界一流大国、出版世界一流文学作品奠定了坚实的基础。中文和英文在全球范围内被使用的人口数量超过10亿，因此这两种语言是全球使用频率最多的语言，其中中英互译则是全球最为重要的翻译。

无法顺利解决中英互译问题的理论，无法被视为一种具备国际水平的翻译理论。在 20 世纪之前，中英互译问题的文学作品并未被任何一位西方学者出版，所以无法提出任何理论来解决这一问题。许渊冲在《翻译的艺术》一书中，根据自己长期从事文学翻译，尤其是诗歌翻译的亲身实践，提出了“中国学派的文学翻译理论”，主要包括：优化论、三势论、三似论、三美论、三化论、创译论、三之论、竞赛论、艺术论。

“优化论”是相对于“对等论”而提出来的。优化论和对等论的不同之处是：根据对等论的观点，文学翻译应当采用对等的翻译方式来表达其意义；根据优化论的观点，文学翻译应当采用最优秀的语言表达方式，以达到最佳效果。若以对等的方式为最佳方式，则优化论与对等论具有相同的本质；假如对等的方式并不是最优的选择，那么应该放弃“对等”，转而追求和选择“最优”或者“最好”。言下之意，对于等价论而言，真实性至关重要；对于优化论而言，美学性非常重要。文学翻译的必要条件在于“真”，这是一个对错的问题，不是真的就错了，但是真的也不一定是好的，因此只是一个低标准；文学翻译的充分条件在于“美”，这是一个关于质量的问题，虽然不美的译文不一定是错的，但美的译文却是更为优秀的，因此相比“真”来说是一个更高的标准。

“三势论”：发挥译语优势，改变劣势，争取均势。优化论就是发挥译语优势论。两种文字有时可以对等，那是均势；如果不等，一种文字就有优势或强势，另一种文字却处在劣势或弱势的地位。具体说来两种文字都各有优势，各有劣势。中文的优势是精练，含义丰富，成语典故较多，结构有四字词组等；英文之所以备受推崇，是因为它具有高度的精确性、严密的逻辑思维、清晰的语法结构，以及涵盖关系代词等多种元素的特点。中文和英文有 45% 处在均势。因此，在翻译的时候，应该尽可能发挥译语的优势，改变劣势，争取均势。

“三似论”：形似、意似、神似。优化论是发挥译语优势论，对等论基本上可以说是形似论，奈达的动态对等论可以算是意似论，而优化论却可以包括更高级的神似论。

“三美论”：意美、音美、形美。优化的译文，就是具有意美、音美、形美的译文，特别表现在诗词翻译中。

“三化论”：等化、浅化、深化。传达原文的意美，包括达意和传情两方面。

传达原文的“三美”可以用“三化”的方法：等化、浅化、深化。所谓等化，包括主动被动互换、同词异译、异词同译、典故移植等。所谓浅化，包括一般化、抽象化、减词、合译、化难为易、以音译形等。所谓深化，包括特殊化、具体化、加词、分译、以旧译新、无中生有等。

“创译论”：最高级的深化论。从解构主义的观点来看，“所谓的‘对等翻译’是不可能的，”赋予新的意义就是创译。

“竞赛论”：是对几种译文关系的认识论。“三似论”是对译文和原文关系的认识论，“三势论”则是对两种译文关系的认识论。几种译文摆在面前，看哪一种更能传达原文的意美、音美和形美，更能使人知之、好之、乐之，这就是许先生提出的“竞赛论”。

“艺术论”：文学翻译之所以具有艺术性，是因为它受到译者思想的一系列影响，科学是一种客观真理，它不受个人思想和情感的干扰。文学翻译也不例外，但它又不能脱离其本身所具有的规律独立存在，因而在文学翻译时必须遵循一定的原则。科学探究的是真实的本质，艺术研究的则是对美的追求；科学研究的本质在于揭示“有之必然，无之必不然”的必然性，艺术研究的本质在于揭示“有之不必然，无之不必不然”的艺术形式。如果用数学公式来表达，科学的公式是 $1+1=2, 3-2=1$。艺术的公式却是 $1+1>2, 3-2<1$。文学翻译可以意似（近真），公式是 $1+1=2$，但译文也可以是形似而不意似（不真），公式是 $1+1<2$；还可以是神似（近美），公式就是 $1+1>2$。意似是个对不对、真不真的问题，不对不真，不能算是翻译；神似却是个好不好、美不美的问题，对而不好，真而不美，可以算是翻译，但不能算是文学，又对又好，又真又美，才能算是翻译文学。“真”是文学翻译的最低标准，“美”才是文学翻译的高标准。如果真和美没有矛盾，可以达到统一的状态，那么就是理想的结果，然而在中英互译的现实当中追求真与美感之间存在着一种不可避免的矛盾，尽管这种矛盾的规模和程度各不相同，但只要能够达成一致，自然就会达到最优、最完美的状态。

解决文学翻译中求真和求美的矛盾不是定性定量的科学方法可以做到的，因此，文学翻译理论也是一门艺术。

在此时期，还有众多翻译大家，如叶君健、王佐良等。他们为中英翻译理论的发展起到了积极的作用。

叶君健是一位著名的翻译家。他翻译了毛泽东的《论持久战》和其他作品，这是毛泽东作品第一次在国外以英译本形式正式出版流传。他翻译了大量的外国文学作品，包括安徒生童话。叶君健先生一直注重翻译中译者的主体性和创造性。在他看来，文学翻译不仅是翻译问题，还受文化认同、文化和翻译思想立场等翻译的趋势和功能因素的影响。

在《翻译也要出"精品"》中，他描述了他的"精品"理论，并特别强调了"翻译人格"和"人格翻译"。"精品"理论是他留给翻译社区的最后一笔财富，也是他一生翻译经验的成果。

王佐良是现代翻译理论的先驱。王佐良多次强调他的观点，即翻译是原创的灵魂，必须忠实于原文。这一观点完全符合西方当代翻译学派的目的论。在 1984 年和 1985 年，王佐良发表了两篇关于文化比较的文章，在翻译和文化中分析了翻译和文化之间的密切关系。在 20 世纪 80 年代末和 90 年代初，在王佐良的积极支持下，以翻译理论为基础的"文化学派"得以飞速发展。

第二章 跨文化交际与英语翻译分析

随着全球经济一体化进程的加快，世界各国之间的交流与往来愈加频繁、密切，跨文化交际已成为一种常见的现象。在这样的背景下，跨文化交际翻译的作用也越来越突出。本章主要讲述了跨文化交际与翻译、文化差异对英语翻译的影响、英语翻译中的跨文化意识分析三部分内容。

第一节 跨文化交际与翻译

一、跨文化交际与跨文化交际学

（一）跨文化交际

1. 跨文化交际的定义

在介绍跨文化交际的定义之前，有必要先了解交际的概念。

众所周知，人们要想要在社会中上能够立足，人与人之间的交际是必不可少的，下面我们就对学界内流传比较广泛的“交际”定义进行解释阐述。

在 1990 年出版的《现代汉语词典》中，就是将“交际”解释为“人与人之间的往来接触”。

在一些学者看来，交际整体是一个动态过程，是需要借助上下文联系的，也是需要借助符号和其动态影响的。交际需要借助某种工具，才能为某种言语的或非言语的行为赋予意义。本质上来看，交际是一种自我认知，它建立在个人所积累的经验和理解基础上。

总之，“交际”是人与人之间相互往来和交流信息的过程。它具有符号性、互动性、动态性、情境性、系统性、不能重复性、不可逆转性的特点。

“跨文化交际”在英语中对应的是 intercultural communication 或 cross-cultural communication，这两个词均由跨文化交际学的奠基人、美国人类学家霍尔在 *The Silent Language* 中提出，在这里他认为，“跨文化交际”指的是在外旅居的美国人与当地人之间的交往。但是随着时间的推移，“跨文化交际”一词的指代范围也开始变得更加广泛，开始用来泛指来自不同文化背景人之间的交往。

现在看来，在大多数人眼中，跨文化交际指的就是来自不同文化背景的人以语言、文字等形式进行的信息或思想交流的过程。

具体而言，跨文化交际的内涵涉及以下几个要点。

（1）交际双方的文化背景不同

文化背景的差异性是一个宽泛的概念，包含以下两个方面的内容。

①来自不同的文化圈。

②来自带有文化差异的同一文化圈内部。

由于文化背景的不同，因此在交际方式上会有很多的差异性，受其影响，很可能造成交际失误的现象。这种情况较中日、中韩等东南亚国家的交往来说，在中美、中欧等国家的交往中体现得更为明显。虽然中国与日本、韩国等国家也存在文化上的差异，但是这些国家都处在东方文化圈的范畴中，因此交际中会存在一些相同或相似的文化交际内容，相较于和西方国家的交往要容易一些。

（2）交际双方使用同一种语言进行交际

在跨文化交际中，交际双方需要使用同一种语言进行交际。这种语言可以是一个交际者的母语、另一个交际者的第二语言。虽然随着跨文化交际的发展，很多人具备了两种语言随时切换的能力，但是在具体交际中，使用同一种语言进行交际较为方便。

（3）交际双方进行的方式多样

跨文化交际可以通过多种表现方式展开。

①利用语言符号进行交际。

②利用非语言符号进行交际，如演出、画报、影像等。

③进行单向交际方式，如广播、广告、电视等。

④进行双向交际方式。

⑤书面交际形式，如信函、公文。

⑥口头交际形式。

2. 跨文化交际的特点

跨文化交际除了具有交际的特点外，还有着自身的一些特点，主要表现为：文化的优越感、文化的无意识性、文化的认同感。

（1）文化的优越感

在跨文化交际的过程中，交际者会产生一种本民族的认同感与归属感，从而内心生出一种优越性。

在长期的本民族文化浸润过程中，人们已经适应了本民族文化，因此跨文化交际的初期会产生不适应其他民族文化的情况。当跨文化交际中出现交流不顺畅的情况时，会更倾向于认为交际对方是错误的，同时还会在潜移默化中维护和捍卫本民族文化。

不可否认，每个民族都带有自身的闪光点，这些闪光点的存在值得本民族文化者自豪。但是在跨文化交际过程中切不可产生文化优劣论，浅显地认为自身文化是无与伦比的，而交际对方的文化是劣等的。这种错误的文化倾向很容易产生民族文化中心主义的倾向，从而在跨文化交际中以自身的文化为一切交际的前提，从而轻易地评价其他民族文化与交际行为。更有甚者，会出现凡是符合本族文化的都是正确的，不符合本族文化的就都是劣等的、错误的等思想，这些狭隘的民族文化优越感会阻碍跨文化交际的进行。

（2）文化的无意识性

人们在长期的本民族生活中会逐渐形成民族认同感与优越感，因此跨文化交际带有一种无意识性。

文化并不是先天的，而人们后天习得的。这种习得需要具体的文化环境作为保证。在人的成长过程中，当自己的行为偏离了本民族具体的文化规则时，就有可能在生活中遇到困难。同时，个体在成长过程中会得到家庭、学校、社会种种的文化灌输，从而使人们更加了解所处社会的文化规则。其中社会是教育人成长的大学校，对人们文化素养的形成与提高有重要的影响作用，最终很多人的言行举止都会打上民族烙印，习惯自身文化的交际准则。

文化的无意识性提醒交际者在交际过程中要跨出自身的文化规则来客观、灵活地对待交际对方，更好地促进交际的顺利进行。

（3）文化的认同感

文化是人类在特定环境中经过长时间的历史逐渐积累而形成的，是一种社会现象。

属于某种文化的人们，对自己的文化具有强烈的归属感与认同感。这种认同感体现在人们倾向于对自己文化的行为准则持认可态度，而认为其他文化的行为习惯是“越轨”甚至是“荒唐无礼”的。因此，在跨文化交际中人们往往以自己的文化准则度量他人的行为。

3. 跨文化交际需要注意的事项

跨文化交际需要注意以下事项。

（1）注重语言交际行为的适切性

在跨文化交际过程中，对语言的选择很重要。只有遵循一定的交际规则，在适切的语言表达下才能促进交际顺利完成。

同文化沟通，由于交际双方或多方都对既定的语言交际规则有所了解，因此不管是选词造句，还是言谈举止，都能在预期的交际范围内展开。但是在跨文化交际中，如果交际者还下意识地使用本民族的文化交际原则，同时以此为原则来理解交际对方的言语行为，则有可能影响交际的正常进行。

（2）正确处理非语言交际文化差异

在跨文化交际实践中，既需要适切的语言作为保证，也需要交际者正确处理非语言交际的文化差异，甚至在一定程度上说，非语言交际对交际的顺利进行有更深远的影响。

在实施非语言交际行为中，很可能因交际双方不了解文化差异而引起文化冲突的现象。由于非语言交际的文化差异带有深层的隐蔽性，因此其所引起的交际冲突可能更严重，对其的处理需要更加小心。

非语言交际行为是人类情感与情绪的外在表露形式，能够从一个侧面体现出交际者的内心活动与真实想法。针对跨文化交际中的非语言交际行为冲突，学者拉里·萨莫瓦尔（Larry A.Samovar）等人提出了以下三条原则。

①人类的跨文化交际行为往往是语言交际和多种非语言交际行为同时配合的行动结果。

②非语言行为多种多样，人类无法列举和描绘出每一种非语言行为，但是

可以对跨文化交际环境中经常出现的非语言行为信息进行概括，提高交际的顺利程度。

③对跨文化非语言行为的理解需要交际者首先了解自身的非语言交际行为，在脑海中进行非语言行为的对比和分析活动，从而正确理解交际信息。

（二）跨文化交际学

1. 跨文化交际学的定义

贾玉新在《跨文化交际学》中指出："跨文化交际学是建立在众多相关学科理论研究的基础上，将处于不同文化背景下的人们在交际过程中发生了什么、为什么发生、怎么发生的、产生的结果以及如何避免和解决这些交流障碍和冲突等问题揭示出来的一门学科，目的是实现有效的交际。"

戚雨村从交际的角度来看，认为跨文化交际学的主要研究内容就是具有不同文化背景的人是如果处理各类交际问题的。

综合上述学者的定义，在理解跨文化交际学过程中要注意以下几个方面。

②跨文化交际学是综合语言学、语用学、人类学、交际学、文化学等在内的综合学科。不同学科的理论为跨文化交际学提供了一定的研究视角与构建框架。

②跨文化交际学以事实为依据来揭示跨文化交际的过程，从而在系统的高度上总结跨文化交际的相关知识。

③跨文化交际学以演绎和探索的手段探索跨文化交际的影响要素、交际行为、方式等。

④跨文化交际学重视文化对比在跨文化交际研究中的重要性。

2. 跨文化交际学的发展进程

跨文化交际学发展大致经历以下几个阶段。

（1）起步阶段

跨文化交际学的起步阶段指 1959 年之前。1959 年，霍尔首次提出跨文化交际的概念，他所著的 *The Silent Language*（《无声的语言》）被看作跨文化交际学的诞生之作。

霍尔认为，在不同文化背景的作用下，人们对时间、空间等的表达会具有差异性，当在交际中涉及跨文化层面的问题时，人们会产生一种紧张情绪，被称为"文化间的紧张"。

（2）基础阶段

跨文化交际学发展的基础阶段指 1960 年至 1969 年的这一段时期。自 1960 年后，越来越多的学者开始进行跨文化交际的研究，从而为跨文化交际学的发展奠定了坚实的理论基础。在这一时期，出现了很多跨文化交际方面的著作。例如，史密斯（A.smith）的 *Communication and Culture*（《交际与文化》）；罗伯特·奥利弗（Robert Oliver）的 *Culture and Communication*（《文化与交际》）等。

（3）巩固阶段

跨文化交际学的巩固阶段指 1970 年至 1979 年。在巩固阶段，跨文化交际学出现了猛烈的发展势头，也出现了很多优秀的研究著作。例如，拉里·萨莫瓦尔与波特（Larry A.Samovar & Poter）的 *Intercultural Communication：A Reader*（《跨文化交际：一名读者》）；哈姆斯（L.S.Harms）的 *Intercultural Communication*（《跨文化交际》）；迈克尔·普罗瑟（Prosser）的 *Cultural Dialogue*（《文化交流》）等。

1975 年前后，美国很多大学专门开设跨文化交际学的课程，体现社会对跨文化交际学的关注与重视。

针对这一重要历史事件，很多学者都表明了自身的观点。一些学者认为，跨文化交际学涉及不同的领域，是一个宽泛的概念，主要包括跨文化交际学、国际传播学、种族间传播学、少数民族间传播学、逆向传播学几个领域。

（4）成熟阶段

跨文化交际学的成熟阶段指 1980 年至今。在这一阶段，出现了较为全面介绍跨文化交际学的教科书——*An Introduction to Intercultural Communication*（《跨文化交际学概论》）。这本书中涉及很多跨文化交际的重要问题。例如，文化沟通行为；文化价值取向；语言、文化、非语言传播间的关系；语言、文化、思想形态的互动关系等。

1990 年起，跨文化交际学成为一门成熟的学科，有了较为清晰的发展轮廓。

我国对跨文化交际学的研究开始于 1980 年。《词汇的文化内涵与英语教学》一文的出现表明跨文化交际学在我国的诞生。具体而言，我国跨文化交际学研究主要集中在以下几个方面。

①对国民性展开研究。

②对非语言交际现象展开研究。

③对中外习俗的差异性展开研究。

④对语言与交际的关系展开研究。

⑤对中西精英管理模式的异同点展开研究。

3. 跨文化交际学的研究内容

不同的学者由于研究角度的不同，对跨文化交际学研究的内容也不同。

（1）关于基本概念的研究

对基本概念的研究是各学科研究的基础。在跨文化交际学研究中，除了上文所列的一些概念之外，还涉及以下基本概念。

①民族中心主义

民族中心主义指在人际交往时按照自身的语言标准、行为规则来判断交际对方的言行，并认为只有符合自身文化规范的才是正确的，反之则是不正确的、不好的行为。

在跨文化交际中，民族中心主义是一把双刃剑。它在一定程度上能够促进民族的团结和社会的进步，但同时也会是跨文化交际的障碍，影响跨文化交际的进行。

②文化身份

文化身份指在共同的符号意义系统下，对相同的行为规范有着认同的文化群体，并且认为自己可以得到这个文化群体的认可。

人们在成长过程中会逐渐形成自己的文化模式、思维习惯、价值观等，最终形成自己的文化身份。从这个意义上说，文化身份既包括一种符号意义，也是一种文化下的行为规范。

在跨文化交际过程中，文化身份发挥着重要的作用，不仅涉及交际者对自身文化身份的理解，还包括交际对方对自身文化身份的归纳。文化身份带有形式上的多样性。例如，地区身份、国家身份、民族身份、性别身份、职业身份等。

值得一提的是，文化身份具有迁移性和不确定性，会随着个体生命体验的不同和阅历的增长而逐渐发生变化。在跨文化交际中，如果个体有着两种或两种以上的文化身份，那么他就有可能完成跨文化调适。

跨文化交际中，如果交际双方的文化身份悬殊，那么二者的符号系统和行为规范会有很大差异，交际中所存在的障碍便会很多。跨文化交际是对交际双方的文化身份进行判断、比较和协商的过程，这是体现交际者跨文化交际能力的重要方面，对跨文化交际的结果会产生直接的影响。

③文化成见

文化成见指跨文化交际中所存在的刻板印象，具体表现为交际者运用自身的经验和知识，用固定的态度和刻板印象去审视不同文化背景下的具体个体。文化成见的形成主要是因为交际者不主动对交际对方进行了解，单纯依靠固有的二手信息进行文化判断。

虽然文化成见是交际者面对陌生环境和陌生交际者的心理需要，但是由于其并没有考量到文化的多样性，因此在一定程度上是不全面的，也是不可靠的。

④文化调适

文化调适指自觉对自身文化身份进行调适，从而适应和接收新的价值观、思维方式、交际行为、文化习俗等。这种调适主要是从心理、认知、情感的角度着手，并通过学习相关知识作为保证。通过文化调适，交际者可以丰富自身的文化体验，从而培养出对不同文化特点的了解能力，以及调整自身心态的交际能力。此外，文化调适还可能作用于交际者对自身文化的认知，使交际者淡化或背弃自身文化，最终融入新的文化背景中。

（2）关于世界观、价值观层面的研究

文化和交际在一定程度上是人的思维的再现，因此跨文化交际学也会对世界观、价值观层面进行研究。

世界观指人对世界的根本看法，涉及很多哲学方面的概念，如人与自然、人和宇宙等。价值观是人对事物的是非判断标准，对人的言行举止起着引导作用。

中西方由于具体的世界观和人生观的差异性，因此形成的交际和语言表达方式也不同。跨文化交际学需要对比和总结具体的差异，以提高交际的有效性。

（3）关于言语行为的文化特征及非语言交际层面的研究

跨文化交际学还研究言语行为和非言语行为层面的相关文化信息与特征。

交际中的言语行为与非言语行为对跨文化交流有着重要的影响作用。由于不同文化间差异的存在，人们对外界世界的感知与编码方式也不尽相同，因此直接决定着交际的方式与作用范围。对言语行为和非言语行为的研究，对跨文化交际学的学科价值和社会价值都具有重要的意义。

二、跨文化交际翻译的意义

跨文化交际翻译的意义主要有：促进跨文化传播、促进文化的增值、促进文化的整合、形成文化积淀、推进文化变迁。

（一）促进跨文化传播

翻译是人们进行理解沟通的第一步，一部翻译史可以说就是人们跨文化传播的历史。随着世界经济一体化进程的加快，各国之间的往来越来越频繁，对翻译的要求也不断提高。在此背景下，跨文化翻译的重要性也日益凸显出来。

另外，人类的发展呈现出一种交流与开放的状态，所以人们不能故步自封，应对外界交流的过程中不可避免地会借助翻译这一媒介。从这一意义上来讲，跨文化交际翻译发挥着重要的桥梁作用，通过翻译使不同的文化有了连接。

（二）促成文化的增值

文化增值是指文化在质与量上的放大或膨胀，它是一种文化的创新或再生产。在文化意义或文化原有价值传播的过程中，文化增值的结果就是会生成一种新的意义、新的价值。那些保守、封建、落后的文化一般不能再生或不能增值，会随着时代发展而被淘汰。跨文化交际翻译通过引入其他民族文化来丰富本民族文化，促进文化发展。

另外，跨文化交际翻译并不是两种文化的简单相加，它能够产生超越相加结果之外的效应，同时它还能够激发人们追求更多信息与知识的热情与兴趣。可见，跨文化交际翻译促进了文化增值。它使得译入语文化被赋予了更新的生命活力，推动译语文化的不断传播与发展。

（三）促进文化的整合

翻译可以对异质文化进行整合。文化整合是指构成文化的各个要素相互磨合、相互适应的过程。文化与文化之间的交流与传播有利于促进文化整合。跨文化交际翻译有利于文化的交流与传播，所以跨文化交际翻译的过程其实是对文化进行整合的过程。例如，在文本翻译过程中，文化整合的结果就是使译文更具意象或气质。在信息整合的过程中，译者将文化信息作为载体，同时对其加以识别、了解及重组。

（四）形成文化积淀

通过跨文化交际翻译，源语文化在译语文化中逐渐得到传播和承接，成为不断积累的文化遗产，使文化逐渐沉淀与堆积下来。译语文化的积淀对于人类文明的共同进步具有积极的促进作用。

（五）推进文化变迁

文化变迁，是指文化处于动态的变化与发展过程中，经历着产生、发展、变化、衰退、再生的过程。跨文化交际翻译是社会文化传播与发展过程中的重要推动力，对于译语文化的发展和变迁起着推动作用。

第二节　文化差异对英语翻译的影响

语言是文化的重要组成部分。其作为文化的重要组成部分之一，与其他语言有一定的联系，但是由于文化差异的存在，不同语言之间也有显著差别。随着时光的流转，社会不断进化，文化也与时俱进，同时受到各国和民族文化的影响。文化的定义和属性是在特定历史时期内形成的，随社会历史的演进而逐渐发展。文化差异是因为人们在不同的生活和环境背景下发展出来的具有特定特点的语言、信仰、知识、人生哲学、价值观、思维方式，也包括道德标准、习俗等方面的多样化现象。文化的差异性来自于人们所采用的物质生存方式及所建立的社会形态的不同。因为不同国家的地理条件、文化源头的异同，因而据此展现出的文化特点和模式也各自不同。尤其是价值取向、思考方式、审美好恶等方面存在较大的差异。因而，在翻译的过程中，应深入考虑英汉文化差异，并选择最贴切明确的措辞来传达原文的意思。翻译不只是简单地将语言转换为另一种语言，还包含了文化之间的深入交流。翻译的作用不仅在于语言间的沟通，还能在相关的领域中促进彼此在审美需求、价值观念、思维方式及社会文化等方面具有更为良好互动和更加深入的了解。

一、中西文化差异概述

作为人与人之间重要的交流文化载体，语言在人们的交往过程中发挥着至关重要的作用。而作为世界上使用人数众多的两种语言，英汉翻译成为处在两种文化背景中的人交往的重要工具和桥梁，同时对双方的文化创新发展和互动交流都起着十分重要的作用。因为中西方在地理位置和其他文化因素的影响，使得双方在交流的过程中会产生许多障碍，如风俗习惯、思维习惯、宗教信仰和社会环境等，因此就需要翻译者能够充分认识二者之间的文化差异，从而结合两地人民的交往习惯进行翻译，以保证后续的人际交往能够正常进行。

曾经有一位我国著名的翻译学家说过："翻译是用一种语言将另一种语言所表达的思想内容准确而完整地表达出来的语言活动。"① 翻译并不是简单的语言形式转换，从本质上看其实就是社会文化的移植过程。由此看来，要想解除中西方文化交往之中产生的不必要麻烦，就要求翻译者能够熟知二者的文化差异，从而掌握二者之间的联系，既能够达到翻译目的，又能够保证翻译质量。因而，与其说翻译的是语言，不如说翻译的是文化。著名的美国翻译理论家尤金·奈达就曾经提出过这样一种论点："翻译是两种文化间的交流，对于真正成功的翻译而言，熟悉两种文化甚至比掌握两种语言更为重要。因为词语只有在其作用的文化背景中才有意义"。②

对于英语翻译而言，其本质并不在于句子的翻译，而是应该将重点放在文化差异上，更为重要的是基于充分理解双方文化差异的情况下进行"翻译输出"，以实现最终的"文化输出"。由此，为了保证后续翻译工作的顺利开展与进行，翻译者是需要做到能够对双方的文化差异点了如指掌的，从而达到最终的文化宣传与交流目的，从某种程度上来说，这也算是为双方的经济文化发展贡献了一份力量。

二、文化差异与英语翻译之间的联系

翻译不仅仅是单纯地表达句意，还需要在原有的文化基础上传递文化内涵。因此，如果缺乏对其他国家文化的了解，在翻译过程中就会容易受到本国文化的影响，造成曲解或者只是简单的表面翻译。显然，这不仅无法传递其他国家文化的内涵，也导致翻译的本质内涵荡然无存。因此，英语翻译人员必须考虑当地的

① 张培基．英汉翻译教程[M]．上海：上海外语教育出版社，1980．

② Eugene A.Nida．语言与文化翻译中的语境[M]．上海：上海外语教育出版社，2001．

社会环境、民俗风情和宗教文化，只有深入了解该国文化，才能进行准确的翻译，以保留该国的文化内涵。在美国，基督教信仰十分普遍，因此许多孩子在很小的时候就开始受到家长的影响，跟随大人参加教堂礼拜。这种传统的文化活动被称为“Sunday school”。如果对美国传统文化缺乏了解，可能会将“Sunday school”直接解释为周末学校，或者错误地将其看作是美国学生周末参加的辅导班等。如果不了解国家的背景文化，就可能无法准确翻译，这会给阅读受众带来很大的交流障碍。

在交流过程中，翻译应确保传达出其最准确的含义，而在跨文化交际中尤其如此，因为这涉及中西方文化之间的差异。在跨文化交际翻译中，确切表达意思和针对实际语言环境进行翻译的方法同等关键。在进行跨文化交流翻译时，必须注意语言的词语含义和文化交际背景的差异，并确保表达的全面和准确。仅有这种方式，才可确保来自不同文化背景的交际对象能顺畅地沟通与交流。这需要充分认识跨文化交际翻译过程中的异同点，并考虑如何将其综合运用，方可顺利完成翻译工作。从这里可以看出，语言环境对于翻译效果来说非常重要。在考虑现实语境时，翻译方法的主要目标是根据两种语言中各自的语言环境，通过增加或删除语言环境的元素，来传达翻译活动中真实的含义。这种方法在翻译文学作品时尤其重要，因为这样能更好地让读者真正理解原作。

不同国家的文化体系都是独特的，而中西方文化之间的差异会对跨文化交流和翻译产生不同程度的影响。为了加强中西方之间的文化交流和沟通，翻译人员需要深入、全面地了解中西方文化，并在翻译过程中恰当地运用科学合理的翻译方法，以确保向受众群体传达真实的含义，同时遵循得体的原则，这也是十分重要的。

三、中西文化差异对跨文化交际翻译的影响

（一）宗教信仰

所谓宗教文化，指的就是由各个国家、民族所信仰的宗教及宗教思想共同构成的一种文化表现形式，由此我们也是可以感受到各个民族之间的文化差异的，而最为明显的就是双方在弘扬和禁忌点之间的不同。从目前我国的宗教发展情况

来说，我国的主要信众还是集中在道教、佛教和儒教这三类，这与我国的发展历史和文化背景是有很深的联系的。不同的是，西方国家民众多是信仰天主教和基督教，在他们的传统观念中，是上帝创造了人类，因而世界上所发生的万事万物都是由上帝来主宰的。例如，在多数西方人眼中，宗教就是“上帝”的代名词，因而当他们去表述自己的情绪时，就经常会用“My God”来表达，而当他们向别人表达自己的祝福时，也经常会说“上帝保佑你”。而我国民众往往在劝诫他人时，会使用“救人一命胜造七级浮屠”“苦海无边回头是岸”等宗教俗语。除此之外，在我国民间还流传着十分多与宗教相关的寓言故事，如和尚挑水。显然，这个故事如果用英语来阐述，是无法将其中的深刻内涵表现出来的，而“和尚”一词也很难在英语中找到与之相对应的词汇，即使有也很难将和尚的人物特点表现出来。由此看来，宗教信仰的差异，对于中西方民众实际的跨文化交际是有一定影响的。

（二）生活习俗

各个族群都具有独特的传统习俗，这些习俗不仅是代表着某个区域及其居民的生活方式，同时也受到了很多其他因素的影响，如文化、经济、政治、宗教等。语言是民族文化的重要组成部分，它记录了一个民族的生活点滴，反映了他们的风俗习惯。在日常用语中，民族的风俗习惯更能够明显地体现出来。

在英语文化中，“black Friday”通常是指感恩节之后的第一个星期五，当天许多大型商场会进行促销，人们的购物欲望高涨，这个日子对于美国人来说具有重要意义。如果直接翻译成“黑色星期五”，在汉语文化下，人们可能会将其中的“黑色”理解为贬义词，因此需要采用另外的表达方式来避免误解。举例来说，传统中华文化中的“龙”寓意吉祥如意，代表中华儿女坚定不移的自我提升精神。由此可见，“龙”在中华文化中的地位十分重要，因此还诞生了许多与“龙”相关的成语，如“龙马精神”“龙腾虎跃”等。相比之下，在西方文化中，特别是欧美国家，“龙”则通常被看作一种令人恐惧的动物，常被视为邪恶的象征。这些隐喻所包含的不同意义对于跨文化交际的翻译产生了较大影响。在翻译过程中，翻译人员需要有效地预防由于隐喻所带来的文化冲突，需要在不同语境下对相关的语句进行标注和说明。

在东方的成语中，与狗相关的许多成语都带有贬义，比如“狐朋狗友”。在西方文化传统中，狗被视为人类最忠实的伙伴，因此他们在习语的使用中，常以狗的形象来比喻人，如“初恋”可以被译为“puppy love”，爱屋及乌可以被译为“love me，love my dog”。在西方国家，人们主要以面包为主食，而在中国，主食则以面条和米饭为主。因此，英文中常用的“a piece of cake”如果直接翻译成“一块蛋糕”，将会令许多中国读者感到困惑。相比之下，把它翻译成“小菜一碟”则更符合中国读者的心理预期，同时也不失原意。除此之外，在中文里常用的表达“画饼充饥”，通常被译成“draw a cake and call it a dinner”，这种翻译方式更容易为西方人进行接受和理解。

除此之外，在中国文化中，礼仪是一项重要的传统美德，这种礼仪习惯与西方国家的不同之处较为明显。我国大众通常会用贬低自己的方式回应他人的赞美，以表现出自己的谦虚和礼貌，而不改变赞美的意思。在西方国家，当别人赞扬或夸奖他们时，他们通常会接受并用“Thank you.”的回答表达自己的感激之情。由于双方国家的文化背景差异，我国民众可能会认为西方人比较自大狂妄，而西方人则可能会认为中国人过于谦虚拘谨，缺乏真诚之意。文化差异在英汉两种文化中呈现为各自的风俗习惯，这些习惯在不同区域和群体中表现出来，并直接影响日常生活方式。在少数民族文化中，语言是最为核心和独特的组成部分，能够最好地体现不同民族地区的文化习俗。通常情况下，风俗习惯是由国家、民族的历史背景、地理位置、经济状况和政治环境等因素决定的。在翻译中，理解文化差异往往是读者和翻译者面临的困难之一，这需要二者都要付出更多的努力。一个优秀的翻译者，需要对原文语言与翻译语言的文化背景有深刻理解，并有能力调整译文以符合读者的心理需求。

（三）思维方式

通常情况下我们会认为，西方人的思维方式更偏向于理性和逻辑分析性的，而中国人的思维方式会更加主观和感性，总体而言是更为具有综合性特征的。从不同的思维模式中，我们能够凝练出不同人群对于不同事情的看法，如中国人自古以来就深受儒家思想的影响，故而大部分的中国家庭更倾向于拥有关系紧密的家庭关系，而且这种“亲密关系”不仅仅局限于父母和孩子之间，而是会延伸到整个“家族”。我们熟知的俗语“一人得道，鸡犬升天”，说的就是这个意思。而与之不同的是，西方国家的家庭关系就与我们相比要松散得多，孩子往往希望在成年后过更为独立的生活，父母就仅是起到“监护”的作用，但是家庭观念在不同的语言环境中都有所体现。

众所周知，每个民族的思维方式都是有所差异的，因为对于事物理解有差异，所以最终的语言表达方式也会不同。例如，对于“It is impossible to overestimate the value of the invention.”这个句子来说，从结构上看来，它是双重否定，最终表达的意思就是肯定的，这其实是一种逆向的思维方式，可译为“这项发明的价值无可估量”。

但是从西方人的思想角度出发，他们会认为一个人的竞争和拼搏意识是十分重要的，这一点尤其在美国人中更为凸显，在他们看来，个人的命运发展是胜于一切的。由此，我们也可以将西方人的价值观点总结为一句话，那就是“人人都是自我命运的策划者与主导者”。在英语语境中，通常“individualism”一词都是以短语的形式出现，在句子中一般被译为“利己主义”或“个人主义”，而这一短语在西方国家中被认为是一个褒义词，它和“个性”的含义是相类似的，也是体现西方人价值观念的一个缩影。而“自私”一词对应到英文中应当是“selfish”，因此翻译者在实际的翻译过程中应当将中西方的文化差异问题放在首位，只有这样才不至于造成不必要的麻烦，才能够准确传达目标信息。

（四）生活环境

显而易见，在跨文化交际中起到最重要作用的非生活环境莫属了，作为一个国家文化重要载体，语言之中是浓缩了浓厚的地域文化特征的，如果对其的理解只是停留在表面的话，那么这样是很难让人了解到语言之中的深层文化内涵的。

而从以下一些例子中，我们就可以看出生活环境差异对我们的实际跨文化翻译工作会造成何种影响。众所周知，我国的陆地面积占国土面积的绝大多数，而英国则属于多岛国家，因为生活环境存在差异，同样也会使得两国民众的消费观念产生差异。我们在日常生活中经常会说“花钱大手大脚”“挥金如土”，而这译成英文就是“Spend money like water.”。除此之外，英国人在表示自己迷惑不解时，会用“all at sea”，显然这些表达方式都离不开“水”。对于英国这样一个国家来说，在英语中关于“捕鱼”或是“海洋”的表述形式是十分丰富的，相对而言，我国语言之中与之相对应的词汇却十分稀少。作为一个产米大国，中国俗语中与“米”相关的短句或短语是十分丰富的，如“不为五斗米折腰”“民以食为天”“柴米夫妻”等。也正是因为如此，“米”的不同生长阶段也开始被赋予不同的含义，如“稻种”和“谷子”等，而“熟米”则被称为“米饭”。但是，在英语中只有“rice”一词来指代“米”，由此我们在实际翻译的过程中，仅仅把“rice”翻译成“米饭”是行不通的。而西方人大多是以“面包”为主食的，因而在他们的语境中就往往会有“Each day brings its own bread.”“All bread is not baked in one oven.”等表述。

（五）民族文化

一个民族的辉煌历史、曾经的经历，如战争、政治动荡、地质变迁等，都会通过文化得到体现。作为一种独特的文化表达形式，语言不仅记录了历史文化的细微之处，而且也在习语和口头传承中得到了传承和体现。因为受到罗马帝国的影响，英语中出现了很多反映当时情况的成语，比如“All roads lead to Rome.”，译为“条条大路通罗马”；“Rome was not built in a day.”，则可译为“罗马并非一日建成”，除此之外还有许多。这些俗语记录了英国被罗马帝国征服的历史，如果翻译者对这段历史不熟悉，就有可能在翻译过程中遇到问题和困难。

中国文化历来注重道德伦理，崇尚含蓄隐晦的表达方式。在文学创作中，我们习惯运用各种修辞技巧来表达思想感情。相比之下，西方文化更偏向于用直截了当的方式表达自己的想法和态度，以显示出自信和决断力。在商务英语中，我们常常使用术语“谋求共赢”，强调公平和合作的原则。从西方人的角度来看，合作是一种自主意愿的行为，它受到法律保护，不需要过多的客套话来修饰。在数字运用方面，中国文化里通常把数字“6”视作吉祥符号，象征着好运和幸福，而在西方文化中，数字序列“666”往往被认为是恶魔的标志。此外，中西文化在颜色上的认知也存在明显差异。在中国文化中，红色象征着热闹、喜庆和繁荣，因此被广泛地应用于各种喜庆场合，成为中国的代表色。而在西方国家，红色通常被认为具有暴力和负面的含义，暗示着激进或极端的立场，带有十分鲜明的贬义色彩。

（六）地域文化

因为中西方国家在自然地理环境上的差异是比较大的，自然不同地域的民族和国家就会逐渐形成自己的地域文化。例如，在西方国家的文化语境中，“东风”代表的是寒冷而“西风”是温暖，但是在中国，往往“东风”代表的是“改革新力量”和温暖的春风，“西风”则变成了带有贬义色彩的词语。举例来说，马致远所作“古道西风瘦马”所描绘的就是这样一幅凄凉景象。这是因为，中国的东部地区多临海，而东风主要就是从太平洋地区吹来的温暖季风，自然就会给人以“春风和煦”之感；相比较而言，那些西方国家的东风则多是来自欧洲北部，自然是凛冽而刺骨的。例如，由英国作家塞缪尔·巴特勒（Samuel Bulter）所作的 *Biting east winds* 和英国浪漫主义诗人雪莱所作的《西风颂》。其中，《西风颂》在其最后写道：“Oh wind，If Winter comes，can Spring be far behind?”翻译过来就是，“啊，西风，假如冬天已经来临，春天还会远吗？”。

所谓地域文化，其实指的就是因为自然环境不同而最终所导致的文化差异，这就是说来自不同民族的人们会对同一事物的理解有偏差，也会有不同的喜恶。就以上述的“东风”和“西风”为例，这就是因为地理环境的不同所最终导致的差异。我们十分清楚，中国的总体地势特点是西高东低，在西部地区绵延着无尽的山峰，相反东部则是临近大海，从东部的海上吹过来的风，十分温暖湿润，而从西北部吹过来的风则多是刺骨寒冷的，因此中国人对于“西风”的印象往往并不是很好。在英国，绝大部分的国土区域都是紧邻海洋，而对于他们而言的东风多是来自欧洲北部，自然是寒冷的，西风则多是来自温暖的大西洋，因而英国人更为偏爱“西风”。由此看来，在进行相关内容的翻译时，对其作注解是十分有必要的一件事情，否则读者在阅读到相关内容时心中就会充满疑惑与不解。因为中国幅员辽阔，所拥有的自然资源自然也是十分丰富的，英国则是一个多岛国家，因而英国短语中多是出现“water”和“sail”等一类词汇，而中国俗语中出现“山”和“土”的频率还是比较高的。由此可知，在进行地域文化相关内容的翻译前，先对其地域文化有所了解是十分有必要的，将其中与我国文化有出入的地方进行注解和说明也是一项必备工作，以免造成读者的阅读和理解障碍。

（七）审美心理差异

实际上，审美观念是一种多元文化的意识形态，其中包括了政治哲学、日常生活、社会文化及宗教信仰等多个方面的元素。在西方语言中，很多单词有多种含义。这些含义在不同的语境下可能会产生一些矛盾和不一致，但实际上这种差异是因为人们对审美的理解和偏好不同所导致的。其中，广告就经常会遇到语言冲突，这种情况是十分常见的，因为广告是大众传媒的一个重要方式，也是文化的重要组成部分。在任何国家和民族中，出色的广告都需要适应当地的社会文化、风俗习惯，同时也要满足广泛的观众审美需求。举例来说，在我国的产品广告中，一些化妆品品牌会将其产品命名为“芳芳”，因为这个名称在国内常被认定是清新、青春的女孩的象征，这种隐含的形象可以对该品牌的宣传起到积极作用。但在西方人的审美观念中，当看到品牌标志“Fang Fang”时，他们往往会感受到一种不安的情绪。这是由于英语中，“Fang”与许多词汇十分接近，比如“along”和“sharp tooth of a dog”（狼牙）等。因而，该品牌商标给西方人带来了一定的负面情感，进而极大影响了该品牌在国际市场上的销售表现。这意味着，中西方国家的人们在审美心理方面存在差异，这些差异对翻译产生了重要影响。

总体而言，随着我国经济快速增长和国力日益强大，英语翻译已成为我国重要的文化传播方式。作为文化传承和交流的媒介，语言需要承担传递中华文化和吸收西方优秀文化的责任。为了确保有效地传达，译员需要对中西方文化之间的差异、单词的歧义，以及各自的地方习俗和民族文化有深入的了解，并因此在翻译中使用最合适的语言表达来确保信息的完整传递，采取这种措施可以为中西方文化交流奠定稳固且可靠的基础。

四、基于中西文化差异的英语翻译对策

（一）了解背景文化

对于不同的英语翻译类型，我们要采用不同的翻译策略。下面，我们以商务英语为例来进行讲解。因为商务英语面对的群体是专业性更强的、场合也是更为严肃的，因而就要求对词汇的使用比以往更加准确，翻译者要具备更多的词汇储备量，而这些词汇多数是具有商务意义的，一旦使用错误，就有可能会给公司带

来很大的损失。通常情况下，“clear”一词在日常语境中会被译为“清洁”，而到了商务英语之中，就会被译为“结算”“出货”。除此之外，因为专业领域的不同，也使得相同的英语词汇可能会具有不同的表达含义，所以“一词多义”等情况是会经常出现的。由此，对于从事英语翻译行业的工作者来说，深度理解词汇背后的深层文化内涵是十分有必要的，这能够帮助他们更为准确地进行翻译工作，在此基础上再对英语国家常用的俗语、俚语等有所了解，就能够提升他们的工作质量和效果。另外，充分利用汉语的表达优势也是一种翻译手法，这意思就是用最直接的方法来表达英语无法表现出的内在含义。由上所述可知，中西方文化的形成都经过了历史流转，兜兜转转最终才以这样的形态呈现在我们面前，具有十分鲜明的稳定性和多样性特点。翻译人员要想在行业中立足、顺利完成自己的本职工作，就要将中西方的文化差异摸清、摸透，同时提升自身的翻译水平和质量，以此为应对未来不可知的变化做好充分准备。

（二）适当加词注释

英语翻译常常受到中西文化差异的影响，因此可能出现理解不同等问题。在实际翻译过程中，为了尽可能地保留原文语言和文化特色，避免误导读者，我们可以使用加词注释的方式来帮助读者深入理解原文。对于“东施效颦”，如果我们只是进行简单的直译，那么就会导致人们难以准确理解这个成语的含义。那些不熟悉中国文化的人将无法识别“东施”和“效颦”这两个词代表什么意义。因此，可翻译为“Dong Shi imitates Xi Shi”，并在其后加上“Xi Shi was a famous beauty in the ancient Kingdom of Yue.Dong Shi was an ugly girl who tried to imitate her way.”的注释，这样最终的翻译结果就一目了然了。举个例子，英文句子“It was Friday and soon they’d go out and get drunk.”，换句话说就是“星期五到了，他们马上就会去喝个酩酊大醉”，这样其实无法清晰地传达出情境背景和细节信息，会让读者产生困惑。实际上，周五是英国发薪的日子。因此，在进行翻译时，可以进行适当的意译来表达这个含义。可以将原文翻译为“星期五发薪日到了，他们又要出去喝个痛快”。这样的翻译可能更加贴近原文，并且展现出其中的文化特色。用更易懂的表达方式，能够让读者更快地理解、参与到文本内容中。

（三）调整句式结构

在美国十分有名的一位汉学家——约翰·卡尔文·弗格森（John Calvin Ferguson）曾经指出，在他看来，每一种语言形式都是从文化中汲取营养才得以最终形成、获得生命活力的。由此，我们在翻译时不能仅仅关注语言的互译，而是要从情感方面出发，旨在将语言中的文化情感表达出来。基于中西方英语翻译的情况，我们可以通过调整句式的方式进行语句含义的精准表达。虽然因为中西方文化之间的客观固有差异，使得中英文两版的商务文书在表述方式上存在很大不同，但是从格式上还是能够进行理解的。在具体的英语翻译实践场合中，还是能够通过调整句式结构的方式合理进行翻译的，使之能够更加符合不同的商务场合。例如，“We acknowledge receipt of your letter of the 5th inst and regret to learn that you are unable to extend the subject letter of credit.”可翻译为“本月五日来函收悉，获悉贵方未能将标题所列之信用证予以展期，深感遗憾”。由此看来，这种翻译形式其实最终呈现的效果还是能够体现出鲜明的层次和干练的语言的，也是基本符合汉语的行文习惯的。

（四）直译和意译

直译法，指的是在译文语言条件允许的情况下，既保持原文的内容，又尽量保留原文的表达方式。一般来说，人们认为采用直接翻译的方法可以最大限度地保留原文的意思、形象和语法结构，同时也兼顾了“形式相同”和“功能等效”的原则。按照翻译家刘重德的说法，直译意味着不能改变原来的词语和句子，在表面的层面上保持原文不被修改。准确来说，直接翻译的目的是尽力保留原文的情感语气和风格，但并不意味着它仅仅是简单的单词和短语的转换。换一种说法的话就是：在保持原意不变的前提下，帮助读者更好地理解原语的语言体系和文化背景。逐字翻译有利于保留原作的文化元素和民族特色，并忠于原文的语言风格，同时也使得原本的意思更易于被理解，进而缩小跨语言交流间的意义差异。

而意译则更注重传达原文作者的意图。我们在比较原文和译文时，首先需要考虑它们的语用。当意译遇到文化差异导致二者无法沟通时，为确保读者能正确理解，翻译才会考虑更改形象或者放弃形象只注重翻译意义。无论采用什么方法翻译原文，只要能传达原意，实现交流目的，那就是一种可行的翻译方式，这是从语用学角度出发来进行考虑的。在翻译过程中，需要考虑到场景和语境的不同，因此采取的翻译方式也需要因情况而异，这个道理不分国内国外，也不分过去现在。经验证明，每个方法都有其独特的特点和利弊，使用特定方法需要根据具体情况来作出决定。汉语中的习语类型繁多，涵盖的领域广泛，主要包括成语、谚语、俚语和格言警句。人们往往只关注习语的形式，却容易忽略它们的文化内涵和隐含意义。在翻译习语时，应该坚持忠实原意而不改变其本质含义，遵循意义相符和效果相等的原则。在考虑目标语的文化特色和因素时，应当尽量保持习语在目标语中所具有的形象和含义原貌。举例来说，“塞翁失马，焉知非福”这一成语通过直译，可以译为“When the old man on the frontier lost his mare, who could have guessed it was blessing disguise?”，但是这样显然是无法对于其中的深层含义进行深刻理解的，但在这时如果使用意译的方式，翻译为“A loss may turn out to be gain.”显然这样的结果是能够突出其本身的“祸福相依”的深层内涵的。因为中西文化有很多差异，所以即使概念相近的词汇存在，也可能无法准确翻译某些词语的文化内涵。因此，在翻译时，必须使用与原文文化内涵相似的词汇，以表达原始文本的意思。

无论是逐字翻译还是意译，它们都要忠实于原文的内容。不过，逐字翻译更注重保持原文的形式，而意译则更追求流畅的译文表达。

（五）拿来借用，转换代替

随着世界文化不断交融，各个国家的政治、经济等领域的交流也越来越频繁，因而各国语言体系中就开始衍生出新生词汇。例如，当我们在进行专有名词、文化器物等类型的词语翻译时，“拿来借用”这种方法显然就是非常适合的。这样不仅有效解决了翻译的难题，同时也推动了各国的文化传播，如威士忌、博客、麦当劳等开始在全球范围内蔓延。

像是在翻译一些谚语和俗语时，这时我们通常会采用的就是“转换代替”的翻译方法和手段。具体来说，“不眠之夜”“赔了夫人又折兵”“拆东墙补西墙”等就多会采用这种翻译手法。在采取这种翻译方法的时候，我们要注意，一定要充分发挥我们的想象力，尝试在自己民族的语言体系中找到合适的词语来进行替换和转换。

针对翻译中的文化差异这一问题，本书总共给出了五种翻译实践方法和策略，通过运用这五种方法，我们可以在一定程度上对翻译过程中的文化差异问题进行有效化解，以此降低此类问题对于读者阅读的影响。在进行英语翻译的过程中，一定要注重中英文词汇和语句使用之间的差别，尽可能将文化差异对读者的影响降到最低，使得不同语言之间都可以流畅地进行交流。

从更深层次来讲，文化差异对于英语翻译的影响是十分深刻的，同时这也是一个十分复杂的问题，是很难寻到规律的。但是，其中却存在两个取胜的关键点，其一就是对于语言的应用熟练程度，其二就是对于语言本身的理解程度，只要将这两点内容融会贯通，抓住语言翻译的精髓，英语翻译就会变得很简单，就不再是一件难事。但是，我们尤其要注意的是，这一切都是要在尊重双方文化和民族风俗的基础上进行的，符合双方的惯用语言习惯，这样才能够更好地起到传达语义的作用。

第三节　英语翻译中的跨文化意识分析

一、跨文化交际与跨文化意识

随着时代的变迁和科技的飞速发展，国际经济、政治、教育、科技等领域的交流与合作在日益扩展，人们之间的沟通和接触也愈发密切。文化背景或国藉不同的人之间进行思想交流被称为跨文化交际。在跨文化交际中，我们可以使用口头和非口头两种手段。口语和书面是两种常见的语言交际形式。笔译属于一种跨越语言和文化的书面交际活动。

研究跨文化交际可以促进国际交流与合作的顺利进行，它关注的主要内容是在跨文化交际中出现的问题及其解决方法。其意图是增强人们对于文化多样性的敏感度，使其能够在各种不同的文化环境中与拥有不同文化背景的人们进行顺畅的交流。跨文化意识指的是人们对于不同文化之间的差异性有敏锐的觉察和理解能力。有时候文化敏感性也被称为“跨文化知觉”或者“文化多元感”，这指的就是跨越不同文化之间的意识。

跨文化意识是指在跨文化交流时，参与者对于文化方面的敏感程度和认知水平，通常包括四个方面：首先是对外部文化现象中被认为不寻常的认知；第二个观点是指对于那些与自己母语文化迥异的显著文化特征，缺乏理解和认识，因而被认为难以掌握。第三点是利用理智的思维方式来深入了解这些文化特征。第四点是要用异文化持有者的视角来理解异文化的观点。在这个级别上，要求参与者具备“共情”和“跨文化融合”的能力，以达到最高水平的跨文化意识。移情是指通过设身处地地感同身受他人的情感和经历，从而理解和共鸣他人的内心世界。这种体验能够让一个人感同身受别人的情感和经历，并深刻地理解他人的世界观。“文化融入”指的是在深入了解和尊重不同文化差异的前提下，通过交流和学习，将不同文化元素有机地融合在一起，形成新的文化形态。

二、译者的跨文化意识及其研究背景

（一）译者的跨文化意识

在译写文学作品等领域，常常需要思考如何处理与文化相关的因素，当然这也需要考虑到译者的跨文化素养。尽管如此，译者需要具备跨文化意识，但这与一般意义上的跨文化意识是不同的，而是有其独特内涵。

当译者需要应对西方文化时，除了深入了解本民族文化和异域文化之外，还需要认识到自身选择如何处理文化因素的背后原因。与此相比，本书更倾向于使用“文化意识”这一术语，因为它对我们所要探讨的主题有更大的启示作用。它主要包含以下三个方面的内容：

① Awareness of one’s own culturally -induced behaviour（对受自身文化影响的行为的意识）.

② Awareness of the culturally-induced behaviour of others（对他人受其自身文化影响的行为的意识）.

③ Ability to explain one’s own cultural standpoint.（对自身文化观点作解释的能力）.

在这里，我们认为译者是应该具备以下三方面的跨文化意识的：

①对源语文化的意识；

②对译入语文化的意识；

③对自己所采取的翻译策略与方法作出解释的能力。

同时，我们也应意识到这三方面意识是可以继续划分层次的，其中①②可以被划分为译者的第一层跨文化意识，也就是对于文化的敏感度。但是，这仅仅是翻译的最基础能力而已。众所周知，影响跨文化传播的因素是十分复杂的，在选择翻译方法时，自己要清楚选择的原因是什么，同时能够对其作出一定的解释，这就是更为深层次的内容，也就是第二个层次——能够意识到自己选择行为的目的及原因。在译者实际的翻译过程中，还是需要他们能够将这两个层次结合考虑，这才是完整的翻译者的跨文化意识。

（二）研究背景

在最近的翻译研究中，我们可以看出两个明显的发展趋势。第一个是翻译理论深受交际理论的影响，第二个观点是翻译转向更加重视文化的转变，而不是仅仅关注语言上的转换。将这种趋向相结合，我们就可以将翻译视为一种跨越文化的交际行为。因为文化和语言相互关联，所以翻译不仅仅是单纯的语言转换，更是包含了不同文化之间的交流和融合。它不仅涉及语言间的沟通，还涉及不同文化之间的互动和传递。跨文化意识的不足会导致文化误解和冲突，这是因为不同文化之间的差异普遍存在，仅凭单一文化视角是无法顺利开展跨文化交流的。这就要求翻译者不仅要掌握两种语言，还要理解两种文化之间的不同之处。综合来看，理解不同文化之间的差异及其影响是翻译实践工作中不可或缺的能力之一。尽管这个道理大家都知道，但人们尚未能深入地分析和探讨如何培养跨文化意识，到如今还是没能找到可行的方法。

三、影响译者翻译的文化因素

（一）历史文化

顾名思义，历史文化其实指的就是经由历史发展和社会演变后人类社会之中最终经过筛选、总结形成的文明形式。因为各个国家和民族所经历的历史演变进程是不同的，故而在历史文化方面也会产生较大差异，也正是因为这种差异的存在，使得语际转换的信息通道变得不那么顺畅。差异越大，其间的鸿沟越难逾越。

作为译者，应尽量熟悉源语和译入语这两种语言所反映的两种历史文化的方方面面，意识到差距出自何处，以何种手段加以表达才能为读者所接受。若缺乏这种敏锐的意识，那么在翻译中或理解错误或表达不当就不可避免。例如：把“twist the lion's tail”引申译成“摸老虎屁股”或“自找麻烦”实属误译，而其真正含义是“冒犯英国”或“与英国（人民或政府）为敌”，因为很久以来，英国君主一直用雄狮纹章作为英国国徽，进而英国又被称作“the British lion”(不列颠雄狮)。

例如，中文中有一句俗语“一个和尚挑水吃，两个和尚抬水吃，三个和尚没水吃”，这其实是源于我国古代一个家喻户晓的故事，比喻互相推诿而不负责任，注意到这一点就可避免译成：“Alone a monk brings his own bucket of water to drink，two monks carry their bucket of water jointly，but when three monks are together，there is no water at all.”这样的译文是很难让外国读者领悟到“Everybody's business is nobody's business.”的含义的。又如在中国，1949 年以前参加革命的人在退休时享受被称为“离休”的特殊待遇，而这种背景知识对于不熟悉中国国情的外国读者肯定难以捉摸。

（二）地域文化

而所谓地域文化，其实指的就是因地理环境的影响、自然气候条件的不同，在这些因素的影响之下最终所形成的一种文化表现形式。而地域文化之间的这种差异多是体现在一定地域范围内人们的语言表达形式上，如来自不同地域环境的人面对同一事物或现象会产生不同的看法。如汉语“人心齐，泰山移”中的“泰山”就是特定地域的事物，喻指显赫的事物，这对一个缺少中国文化背景的外国人来说，他们显然要想理解成语背后的文化内涵还是存在一定困难的。例如，在中西方文化中，“东风”与“西风”一直就是一个比较大的差异点。中文中的“东风”是译为“east wind”，虽说采用的翻译方法就是直译，但其实其中所包含的内涵是有天壤之别的。因为中国人自古以来就对“东风”情有独钟，因而在一些古代流传下来的文学作品中也往往会将“东风”作为意象来象征“温暖”和“春天”，甚至在民间还有“东风报春”的说法。相反，英国人对于“东风”的态度却并不好，因为在英国地域上东风都是从寒冷的欧洲北部吹来的，象征的就是令人不愉快的东西和寒冷，故而英国人更为偏爱“西风”，同样在英国也是有“西风报春”之说的。英伦三岛由于有北大西洋暖流经过，其所带来的西风往往温暖和煦，而从欧洲大陆北部吹来的东风却寒冷刺骨，所以英语中用西风代表“春天”，东风代表“冬天”，而这在汉民族文化中则恰恰相反。在汉语中，东风象征革命和正义，西风象征着邪恶和反动，所以我们常用“不是东风压倒西风，就是西风压倒东风”来描述两种敌对势力的斗争。再如英国的地理环境使那里夏季也凉爽宜人，而中国大陆性气候的夏日却炙热难耐，尤其在广阔的中原及江南地带，夏日的夜晚也是热浪袭人，这也就是为什么有些读者难以理解为何莎士比亚要把谈情说爱这种浪漫情调安排在“仲夏之夜”（*A Midsummer Night's Dream*），为何把友人比作夏日（“Shall I compare thee to a summer's day? Thou are more lovely and more temperate”）。

不同的生态环境使得不同民族对动植物的喜好也各不相同。中国是一个传统农业大国，农业是国民经济的重要基础。自古以来人们以牛耕为主，因而到了中国传统文化中，“耕牛”就成了勤劳的象征。例如，在民间人们常常将任劳任怨、辛勤劳作的人称为“老黄牛”，甚至鲁迅先生也曾说过“俯首甘为孺子牛”一名句。但是在英国，与中国不同的是，他们主要是使用马来耕地，牛在农业中所发挥的作用则是提供肉食和牛奶，因而在英美文化中“马”就成了勤劳的象征。也正是因为这样，在进行一些汉语俗语的翻译时，往往中文中的“牛”就会被译成“horse（马）”，如“像牛一样勤劳”就会被翻译为“work like a horse”，而“力大如牛”就会被翻译为“as strong as a horse”。

在中国传统文化之中，人们对“岁寒三友”是有很深的感情的，所谓“岁寒三友”其实指的就是“松、竹、梅”，人们多用这些意象来比喻高洁正直的人。但是翻译成英文，“pine”“bamboo”“plum blossom”这些词汇在西方语境中是不具有这些深层内涵的。下面我们以“竹”为例来进行讲解：竹子这种植物多生长在我国的南方地区，自古以来南方人就多有吃笋的习惯，因而有关“竹”和“笋”的内容经常出现在自古就流传下来的俗语中。但是，因为气候原因，竹子在英国是很难较好地生长的，英国人对于竹子这种植物并不熟悉，也不清楚竹笋与人们的日常生活之间有着怎样的联系，由此在翻译与“竹”有关的成语或俗语时，就应该充分考虑到中西方之间的文化差异。例如，要想翻译“雨后春笋”一词，尽量还是不要选择直译的方式，这样英国人也很难理解其中的内在含义，而是应该选择他们更熟悉的植物进行替换，如可以译为“spring up like mushrooms”，因为受到温带海洋气候的影响，英国地域上多产蘑菇，他们对于这一植物还是比较熟悉的。

（三）习俗文化

所谓习俗文化，指的就是在日常生活中不断积累下来的、贯穿于人们的日常生活中的风俗习惯，是一种极具民间特色的文化形式，如来自不同国家和民族地区的人们在道歉、打招呼、约会等方面的习惯和方式都是不同的，这就是习俗文化的一种外在表现。例如，因为英国所处地理环境的原因，他们见面通常都会谈论到天气，而中国人在打招呼时往往就会说“吃饭了吗？”“你去哪儿？”，虽然这仅仅是一种礼节性的表达，并没有什么实质性含义。但是在西方人看来，他们会认为这种提问方式触及到了他们的隐私，认为这些都是个人私事，其他人是无权随意打听的，是一种很没有礼貌的行为。他们还把“吃饭了吗？”当成请客吃饭的一种邀请。又如，我们有“红白喜事”的说法，对于不了解中国文化习俗的英美人来说，把生儿育女、迎娶婚嫁之类的事称为“红喜”还好理解，因为英语中也把这类喜庆之日称为“red-letter day”，但将人的过世也称为“喜”，就会使他们难以接受。此外，在中国人婚礼宴会上人们常用“恭喜”二字对新郎新娘表示祝贺，但在英语文化中“Congratulations ！”一词却只适于说给新郎，而不可以此向新娘道喜，因为“Congratulations ！”表示几经努力终于得到某人或做成某事。对新娘说“Congratulations!”似意为“你终于不择手段找到了个丈夫”或“你终于嫁出去了”，难免让对方不悦。

四、译者跨文化意识的第一层次

译者跨文化意识的初始层次在于明确认识到两种文化之间的差异和相似之处。英语和中文都有许多用动物比喻的习惯用语，这些习语蕴含着悠久的文化底蕴，表现了多样化的文化特色和历史背景，描绘生动，突出地展现出了民族特色，这是文化积淀的结果。翻译的水平对于翻译的质量及文化交流的程度有着直接的影响。因此，这种习语的转译可以被视为一个范例，能够有效地展示译者的跨文化意识。在处理与文化相关的元素时，我们首先需要先进行比较和分析，以便确定它们的异同之处。总结而言，可以大致分类为四种情况。

（一）喻体、喻义都相同

从宏观视角上来看，不管身处何方，人类文明在本质上来看都是具有同一性的，正是因为这种共性的存在，使得人类可以对外部世界及自身产生某种认识。因而，我们会发现，在汉语和英语这两种语言中，虽说从外表上看不尽相同，我们也一直在阐述二者之间的差异，但其实它们从某些方面来说还是有着惊人的相似度的，这其实就可以归纳为一种“文化重合现象”。例如，在这两种文化体系汇总，“蜗牛”都代表着“缓慢”，“鹿”都代表着“温顺”，而“狐狸”就是“狡猾”的代名词。除此之外，还有很多其他的例子，如：

as fat as a pig 肥得像猪

as happy as a lark 像百灵鸟一样快乐

make a monkey out of somebody 拿某人当猴耍

a wolf in sheep's clothing 一只披着羊皮的狼

但是，归根结底来看，这其中的重叠的概率其实并不大，因为“个性还是普遍存在的”，因为地理环境、风俗习惯等因素的影响，二者之间的差异还是占大多数。由此，下面将要论述的三种情况主要体现的就是这二者之间的文化差异。

（二）喻义相同，喻体不同或喻体空缺

在汉语中，通常“牛”这种动物都是勤劳的象征，往往会用其来形容那些踏实肯干的人，而到了英语中，则往往会说：“He is really a willing horse.”除此之外，还有一些其他的例子可供我们参考。

1.喻义相同，喻体不同

an ass in a lion’s skin 狐假虎威

a lion in the way 拦路虎

as merry as a cricket 快活如喜鹊

crocodile’s tears 猫哭耗子假慈悲

like a drowned rat 像落汤鸡

like a cat on hot bricks 像热锅上的蚂蚁

better be the head of a dog than the tail of a lion. 宁为鸡首，勿为牛后

to kill two birds with one stone 一箭双雕

2. 喻义相同，喻体空缺

Nothing ventured, nothing had. 不入虎穴，焉得虎子

bemused /motionless /to be petrified with astonishment 呆若木鸡

spring chicken 没有经验的年轻人，黄毛小子

great lion 有名气的人，大受欢迎的人

eager beaver 勤奋的海狸，比喻总是心甘情愿，急切地去做别人要求的工作。

guinea pigs 几内亚猪（豚鼠），往往是指供做某种实验的物或人。

（三）相同的喻体有不同的喻义

最显著的区别在于，有两种动物经常被用作比喻的习语中，一个是“狗(dog)”，另一个是“猫 (cat)”。在汉文化中，将人比作“狗”的用法通常带有贬义，如“狗嘴里吐不出象牙”“狗头军师”“狐样狗党”“狗仗人势”等表述方式。当英语用“dog”来形容人时，通常是中性描述。常见的例子有：“top dog”（最优秀的人）“a lucky dog(幸运儿)”“sea dog(经验丰富的水手或船员)”以及“clever dog (聪明伶俐的人)”等。这些用法都不带有贬义或褒义的意味。但有一些例外，如“He is in the doghouse.”意思就是他名声扫地了。

如果对“cat”和“猫”进行对比，在汉语里，猫被描述为温顺可爱的形象，而在英语中，由于历史文化的影响，猫的形象则更加丰富多样。在中世纪时期的迷信思想中，人们相信撒旦会化身为黑猫，而女巫则时常选择猫作为她们的伙伴。然而，在古罗马时期，猫代表着自由的概念；而在埃及，猫则象征着生命的力量。在这种文化环境中，猫被赋予多种含义，例如邪恶的女人、自由的象征，以及充满生命力的象征等。例如，“She is a perfect cat. (她是个十足的长舌妇。)”，以及“Acathas nine lives. (猫有九条命。)”

（四）喻体不同，喻义也不同

虽然“龙”和“dragon”都是虚构存在的文化形象，但严格来说，除此之外它们几乎再无共同之处。在中华文化中，龙被视为一种神圣的图腾和象征，表示

尊贵、祥瑞等含义。举例来说，成语中的“望子成龙”和“龙凤呈祥”，以及帝王被尊称为“真龙天子”，都表明了龙在中国文化中具有至高无上的地位。我们也因为与龙有深厚的渊源而引以为豪，称自己为“龙的传人”。英语中的“dragon”一般被视为邪恶象征，在《圣经》和长诗“Beowulf”中都是如此描绘的，比如，《圣经》中的“the great dragon”代表撒旦。“dragon”通常会出现在一些带有消极色彩的词汇之中，如“dragon lady”表示为严厉而机警的女性，而“to sow dragon's teeth”则意味着“播下争端的种子”。

实际上，比较两种文化的异同要更加复杂一些。以上分类仅为方便本书论述而进行粗略的划分，旨在阐述译者跨文化意识的初级层面。

五、译者跨文化意识的第二层次

到了译者跨文化意识的第一个层面，他们会认识到两种文化间的差异和相似之处，以往的讨论也主要集中在这方面。然而，对于一名翻译者来说，这只是翻译开始的先决条件。在这样的前提下，翻译人员便开始了“文化创造”的过程，他们会根据自己的经验，选择适宜的翻译策略和方法。“文化创造”处理的是翻译问题而非跨文化意识问题，即如何正确翻译文本，而不是译者的跨文化意识。译者除了要知道如何翻译外，还需要有能力解释自己为什么会这样翻译。为了回答这个问题，我们需要考虑到很多因素，比如使用频率、是否过时或陈旧、两种文化之间的交流水平、文本的类型、功能、风格、翻译者的目的，以及译文读者的理解背景等。译者跨文化意识的第二个层次主要涉及理解这些因素对译文产生的影响，并能够清晰解释自己的翻译决策。下文将举例进行说明。这种情况的复杂程度较高，需要译者具备敏锐的跨文化意识来进行翻译。

例如，“as merry as a cricket”在莎士比亚的《亨利四世》中出现后，这个习语在英语中一直被广泛地使用。因此，它的使用频率相对较高。除此之外，相比于“快活如喜鹊”，中国人更倾向于使用“快活似神仙”一词来表达快乐的情感。然而，由于该词语被过度使用而成为陈词滥调，因此在某些情况下，人们可能会避免使用它，这些都需要在翻译实践中加以考虑。

对于可以进行套用的习语，我们也可以尝试选择直译的方式，但是这就涉及了读者的认知程度究竟如何的问题，以及这两种文化形式的交流程度。对此，我们已经有一些比较成熟的翻译案例可供参考了，如“To kill two birds with one stone.”就可被译为“一石二鸟”，甚至其现在已经被《新华成语词典》所收录，还有“like a drowned rat”可翻译成“落汤鼠”，“crocodile’s tears”也可以被翻译成“鳄鱼的眼泪”等。这种直译方式不仅可以丰富译入语，同时对于读者来说也是一种全新的体验。但是，我们要注意的是，翻译者在实践过程中需要尤其注意，如针对“as merry as a cricket”就不可直译为“快活如蟋蟀”，因为蟋蟀在中文中象征着“凄凉”和“萧瑟”。

对于我们在翻译过程中是否需要考虑文本的风格、功能等这一问题，从下面的例子中我们就可以得出答案。

原句：在中国，有句自古流传下来的俗语：“不入虎穴，焉得虎子。”

翻译：There is an old Chinese saying，“How can you catch tiger cubs without entering the tiger’s lair?There is an old Chinese saying,” Nothing ventured，nothing had.”

这种翻译方式究竟如何呢？由于中文原句中已经阐明这是一句中国古语，所以这时套用英文谚语显然不是一个正确的选择，更何况，我们也在后面的英文翻译句中没有找到“老虎”这一意象。

另外，我们需要注意到的是，译者的翻译目的也是我们选择翻译方法时的一大重要考虑因素。例如：

“小虫伏不动，蠢若木鸡。”(《聊斋志异》)

The little cricket lay quite still like a piece of wood. (by Herbert A. Giles)

The small one crouched motionless，looking as foolish as a wooden chicken

Note：A fable in Zhuang-zi，a work of the warring states period (475-221B.C.)，describes a superb game cock as having such a placid exterior that it seemed to be made of wood.

通过观察我们发现，在译文一中并没有呈现出“木鸡”这一形象，但是在第二句译文中则有所体现，同时还加上了注解。如果以读者为中心来看的，显然第一个译文是更为恰当的，主要的目的就是为读者呈现出简洁流畅的话语，使他们能够读懂其中的意思。但是如果从传播中华文化的角度出发，则第二句为最佳。

除此之外，译者还要避免出现“望文生义”的情况，套用不合适的习语显然是行不通的，违背了我们翻译的初衷。例如，在翻译“dog-eat-dog”时，显然不能直译为“狗咬狗”，这里真正的意思是人类之间残酷的争斗，比喻的其实是“人吃人”的内涵关系。“to fish in troubled waters ”也不总是等同于“浑水摸鱼”(比喻乘机捞取好处)，在下面的例子中可以看出，“Get involved in an unpleasant situation all. Both partners now resent your interference that's what you get when you fish in the troubled waters of marital strife.”(如今夫妻俩对你的干预都不满，这便是你多管闲事调解夫妻间的争吵自讨没趣的结果。）此处显然不可套用“浑水摸鱼”。

不仅如此，还是很多类似的情况出现，如“teach fish to swim（多余的举动)”不同于“班门弄斧（在内行前卖弄)”；“cast pearls before swine”也不同于“对牛弹琴”。前者的英文原句出自《圣经》，意思是将珍珠给猪，但是猪不识宝物，甚至还咬了投放珠子的人。而“对牛弹琴”指的则是牛全然不知音乐声律之美，而并非指的是弹琴伤人。

综上，笔者分析了有关译者跨文化意识第二个层面的诸多内容。但是这其实是一个十分深奥难懂的研究领域，仅靠笔者寥寥几句是难以探其精妙之处的。

第三章　跨文化视角下英语翻译方法

随着语言的应用和发展，很多语言学家对语言这个工具的社会化提出了很多新的论断。美国语言学家提出阅读是一种心理语言学猜测。另一位语言学家又提出了视觉信息——印刷符号，非视觉信息——语言的意义等论断。翻译学就是用视觉信息和非视觉信息来表达或再现原文的这两个“信息”。为使译文能准确地再现原文，使译文与原文两者相得益彰，在翻译过程中，由于英汉两种语声的表达方式存在着很大的差异，所以在翻译时就要根据语义、句法、修辞等各方面的需要，灵活地运用各种方法和技巧。关于翻译的方法和技巧，诸家说法不一，见仁见智。但总的看法是一致的，那就是方法和技巧是为译文能达到“信、达、雅”的标准服务的；不是脱离这个标准为技巧而技巧。本章分别介绍了增译法与减译法，直译法与意译法，异化法与归化法，正反、反正译法。

第一节　增译法与减译法

在翻译中，一个普遍的原则是译者不应随意增添或缩减原文的内容。然而，由于英语和汉语之间存在着显著差异，实际的翻译过程很难实现词语上的完全一致。因此，为了准确传达原文的信息，译者通常需要对译文进行适当的增补或删减，以便于读者的理解。这意味着译者会添加一些隐含的信息，或删除一些可有可无的词语，以使译文更符合习惯表达法。

一、增译法

增译法是一种学术性的翻译方法，旨在满足目标语读者的需求，通过增加补充翻译内容来达到这一目的。由于英汉两种语言在思维方式、语言习惯和表达方式上存在差异，为了使译文更符合目标语言的语境和语用习惯，翻译过程中应该增加部分词语、短语或句子，以更准确地传达原文的意义。通过增译，一方面可以有效地保证译文的语法结构完整性，另一方面也能确保译文意思的明确性。

（一）增加动词、名词、形容词、副词

例如：

① He ate and drank for he was exhausted.

他吃了东西，喝了酒，因为他很疲惫。（增加名词）

② It's our hope to continue with business dealing with you.

我们希望能够继续与您进行大量的业务往来。（增加形容词）

③ hope we can do business together, and look forward to hearing from you soon.

希望我们能够共同合作，期待尽快收到您的回音。（增加名词）

④ He dismissed the meeting without a closing speech.

他没有致闭幕词就宣布结束会议。（增加动词）

⑤ They drove to the airport.

他们开车去机场。（增加名词）

⑥ You must learn from mistakes.

你必须从错误中吸取教训。（增加名词）

⑦ Our counter-offer is in line with the international market fair and reasonable.

我们的还盘公平、合理，完全符合国际市场的公平合理原则。（增加副词）

⑧ We couldn't count on his rationality.

我们不能指望他会讲道理。（增加动词）

⑨ As he sat down and began to talk, words poured out.

当他一坐下就讲开了，滔滔不绝地讲个不停。（增加副词）

⑩ No changes can he made on this contract without mutual consent.

未经双方同意，不能对合同做任何修改。（增加形容词）

（二）增加量词

在英语中，数字通常直接与名词搭配使用，而在汉语中，一般需要不同的量词来修饰。例如：

10 books 十本书

a computer 一台计算机

a red sun 一轮红日

5 cars 五辆小汽车

a bad dream 一场噩梦

a horse 一匹马

① We are pleased to have transacted our first act of business with your company.

我们对与贵公司达成首批交易感到欣喜万分。

② He has written to me three letters since he left New York.

他离开纽约后给我写过三封信。

③ We have succeeded in putting through the deal of five hundred bicycles.

我们圆满地完成了五百辆自行车的交易。

在英语中，存在一些动词或动作名词，其对应的中文翻译需要添加一些表达动作或行为的量词，以保持原文意思不变。例如：

have wash 洗一洗

have a talk 谈一谈

① Now that you are tired, let’s have a rest.

既然你们都累了，我们还是休息一下吧。

② How often do you have a business trip?

你多长时间出差一次？

③ Once, they had a quarrel.

有一次，他们争吵了一番。

（三）增加表示名词复数的词

汉语名词的复数没有词形的变化，但如果需要强调复数的概念，可以通过增词来实现。比如可以在表示人的名词前加“各”，或在其后加“们”。还可以用重叠词来表达复数，如“种种”等。例如：

① Cargo insurance is to protect the trader from losses that many dangers may cause.

货物保险会使贸易商免受许多风险所可能造成的各种损失。（增加形容词）

② Problems still remain.

仍然存在种种问题。

③ He stretched his legs which were scattered with scars.

他伸直双腿，露出腿上的道道伤痕。

④ As our product has the features you need and is 20% cheaper compared with that of Japanese make, I strongly recommend it to you.

我们的产品拥有您所需的各项特点，并且价格更比日本产品降低了 20%，因此向您强烈推荐。

⑤ Newsmen went flying off to London.

记者纷纷飞到伦敦去了。

⑥ Flowers bloom all over the yard.

一朵朵鲜花开满了庭院。

（四）增加语气助词

汉语作为一种语言，通过词汇来表达意思，因此，增译法是我们表达英语情态的重要手段之一。在英汉翻译过程中，通常需要增加语气助同，如“了”“啊”“呀”“嘛”“吧”“吗”，来补足句子情态的需要，除此之外，还经常会视情况添加适当的虚词如“罢了”“而已”“究竟”“到底”“才好”等。例如：

① Let’s do it in the way of business.

这件事我们还是按生意场的老规矩办吧。

② Don’t take it seriously. I’m just making fun of you.

别认真嘛！我就开个玩笑罢了。

③ We might just well go the whole hog and stay over nigh.

我们索性在这里过夜吧。

④你究竟有啥了不起的?

⑤ After all, what is more enviable than happiness?

毕竟，还有什么能比快乐更令人羡慕呢?

⑥ As for me, I didn't agree from the very beginning.

我呢，打一开始就不赞成。

（五）增加主语

在英语中，经常使用一些抽象名词作为主语来表示状态、现象、作风等含义。翻译这些词时，有时需要增添一些词语，以使其更具体化。如：

The intimacy between them can be found at the first sight.

译文：他们之间的亲密关系一看就能看出来。

原文里的“intimacy”作为一个抽象名词，应翻译成“亲密、隐私”，在此，作者把它翻译成“亲密关系”，增添了“关系”一词，能使目的语读者确切理解原文意思。

（六）增加表示不同时态的词

在英语中既有时态，又有语气的变化，但在汉语中没有相对应的表现形式，翻译过程中通常要增添一些表示时态和语气的词才行。例如：

现在时“现在”“目前”；

将来时“将”“要”“会”“就”；

过去时“过去”“以前”“曾经”“那时”；

完成时“曾（经）”“已（经）”“过”“了”等。

例如：

① I'll leave for Shanghai tomorrow.

我明天将去上海。

② We won't retreat we never have and never will.

我们不会后退，我们从未后退过，将来也绝不后退。

③ For the past two years, I have been working in an investment banking.

过去的两年中，我一直在一家投资银行工作。

④ I had known he was not in I would not have come.

早知道他不在家，我就不来了。

⑤ I know it quite well as I know it now.

我在当时就知道得同现在一样清楚。

（七）增加表示语态的词

英语多被动句，而汉语多主动句。英语被动句译成汉语主动句时，需增加些表示被动的词，如“被”“便”“由”“受到”“遭到”等。或增加主语，如“人们”“我们”“大家”“有人”等。例如：

① At the end of the month he was fired for incompetence.

月底，他因不胜任工作而被解雇了。

② He was set upon by two masked men.

他遭到两个蒙面男子的袭击。

③ It’s well known that computers are most widely used and play an important part in industry.

众所周知，计算机得到了广泛应用，在工业上起着非常重要的作用。

④ All the buildings were destroyed in a big fire.

所有的建筑物均被一场大火焚烧。

⑤ They were given a hearty welcome.

他们受到热烈欢迎。

⑥ The dockers were seen unloading the chemical fertilizer from S. S. Apollo.

有人看见码头工人从“阿波罗”号货轮上卸下了这批化肥。

（八）增加概括词或承上启下的词

英汉两种语言都有概括词，在基本译文的基础上增加恰当的表示“概括性”的词，其目的是使译文概念更加清晰，而且能够增加上下文的连贯性。例如：

① We've settled the questions of price, quality and quantity.

价格、质量和数量三个问题都已谈妥。(增加概括词)

② In order to save money, many people look for sales, low prices and discounts.

为了省钱，许多人都希望买到减价的低价的，或是打折的商品。(增加概括词)

③ Father, Mother, Peter and I went to see a movie yesterday.

昨天，我和爸爸、妈妈、彼得四人去看电影了。(增加概括词)

④ For mistakes had been made bad ones.

因为已经犯了许多错误，而且还是很糟糕的错误。(增加承上启下的词)

（九）增加关联词

在英语中，关联词的运用没有汉语中运用的那么多，英语原句有时会使用一些像不定式，分词和独立结构等语法形式表示一些成分间的逻辑关系，但汉译时必须选择恰当的关联词，准确表达其确切意思。如：

① Heated, water will change to vapor.

如水受热，就会汽化。

② Knowing English well, he finished the English homework without much difficulties.

由于他的英语很好，所以他轻松地完成了英语作业。

③ Your early settlement of this case will be appreciated.

如能早日解决这一问题，我方将不胜感激。

④ Many people being absent, the meeting had to put off.

既然有这么多人缺席，会议就只好延期召开。

⑤ With the sales so disappointing, the manager felt unhappy.

由于产品销售如此不景气，经理感到很难过。

⑥ Weather permitting, we will hold our food exhibition next week.

如果天气许可的话，我们将在下周举行食品展销会。

（十）增加表示文化的词

以英语为母语和以汉语为母语的国家因历史、地理等因素而产生了独特的文化，因此两种语言中存在许多文化概念不完全相对应的词汇。为了帮助汉语读者更好地理解英语中的文化词汇，需要对这些词汇进行增译。就比如，在翻译“Jupiter”时，通常把它翻译为“爱神丘比特”，增添了“爱神”一词，把“Lincoln”翻译为“美国总统林肯”，增添了“美国总统”一词。类似的翻译还有“Apollo (太阳神阿波罗)”等。

二、减译法

减译法是一种在保持原文意思不变的前提下，通过省略部分语句或文字来使译文更加简明扼要的方法。实际上，减译法的核心在于删除一些可有可无的内容或增加一些译文习惯表达中必要的词语或短语，而并非削减原文中的重要思想。通过运用减译法，可以达到简化表达的效果。

尽管英语和汉语这两种语言在思维方式、语言习惯和表达方式上存在显著差异，导致两种翻译方法产生不同效果，因此，在英译汉中，需要考虑以下问题：①尽管增译法和减译法是常见的翻译方法，但在实际翻译中需要权衡，避免过度使用增译或减译，以免降低译文的质量；②在运用增译法和减译法时，始终要忠实于原文，确保翻译做到“信”“达”“雅”。

（一）省略代词

1. 省略人称代词

在英语中，一般每个句子都有主语，因此人称代词通常作为主语会多次出现。而汉语中如果后句和前句的主语相同，就可以省略主语，所以英语的人称代词译作汉语时，常常可以省略。例如：

① We live and learn.

活到老，学到老。

② You can never tell.

说不准。

③ You are not allowed to smoke a cigarette in a public place.

公共场所严禁吸烟。

④ Our products are always as good as the samples we sent, I can promise there will be no debasement of quality.

我们的产品一定和送给你们的样品一样好，我保证质量绝对不会降低。

⑤ Our product is in great demand and the supply is limited, so we would recommend that you accept this offer as soon as possible.

我方产品市场需求量很大，供货有限，建议贵方尽快接受报价为好。

2. 省略作宾语的代词

在英语中，一些作宾语的物主代词，无论前面是否出现过，翻译时通常都可以省略。例如：

① I went up to him and held out my hand.

我向他走过去，伸出了手。

② He put his hands into his pockets and then shrugged his shoulders.

他将手放进衣袋，然后耸了耸肩。

③ We are enclosing our commercial invoice in duplicate.

随函附寄商业发票一式两份。

④ We assure you of our reciprocation of your courtesy at any time.

贵行的好意我方保证随时回报。

⑤ Shanghai retains its position as China's most important port.

上海保持了中国最重要港口的地位。

（二）省略非人称和强调句中的 it

it 用于非人称和强调句中，英译汉时通常可以省略不翻译。

1. 省略非人称用法的 it

例如：

① Outside it was pitch dark and it was raining cats and dogs.

外面一团漆黑，大雨倾盆。

② It is advisable that you accept our quotation as soon as possible.

你方尽快接受我方报价是明智的。

③ I drank some ice tea, but it made me more thirsty.

我喝了一些冰茶，却更渴了。

④ It is too early in the season to quote.

季节未到，不能报价。

⑤ He glanced at his watch, it was 10 : 15.

他一看表，是十点一刻了。

⑥ He found it impossible to arrive there before dark.

他发现天黑之前到达那里已不可能。

2. 强调句中用法的 it

例如：

① It was she who had been wrong.

错的是她。

② It was to me that she gave the money.

她那钱是给我的。

③ It was not until 1lo'clock last night that my father returned.

我父亲昨夜直到 11 点才回来。

④ It was with some difficulty that he started his own business.

他费了不少劲才开始了自己的业务。

⑤ It was the factory that Mary wanted to go.

玛丽想去的就是这家工厂。

（三）省译原文重复的词语

在英语表达中，一个句子通常包含多个从句，例如定语从句、宾语从句、形容词性的定语从句等。这些从句经常会包含前句或前文中重复的部分。如果按原文直译成中文，会显得冗长。因此，我们可以使用减译法来删除重复的词语，使整个句子更简洁，符合汉语的表达习惯。如：

University applicants who had worked at a job would receive preference over those who had not.

译文：报考大学的人，有工作经验的优先录取。

对例句中定语从句“who had worked at a job would receive preference over those who had not”进行翻译时，翻译者直接把它译成“有工作经验的优先录取”，略去了“over those who had not ”的翻译，使整个句子更加简单明了。

（四）省略连接词

英语重形合，句中各意群、成分之间都用适当连接词连接，组成句子。句子与句子之间也由连接词组成复合句，形式上比较严谨；汉语则重意合，即更多地依靠语序直接组合成复合句，用逻辑意义将其句子成分、句与句贯穿起来，结构灵活、简洁。因此，英译汉时很多情况下不必把连词译出。

1. 省略并列连词

例如：

① Early to rise and early to bed makes a man healthy.

早睡早起使人身体健康。

② As it is to our mutual interests and profit, I am sure you'll have no objection to it.

这符合我们双方的利益，我确信你方不会有任何反对意见。

③ One more step, and you are a dead man.

再走一步，你就没命了。

④ Spare the rod and spoil the child.

孩子不打不成器。

⑤ He looked gloomy and troubled.

他看上去有些忧愁不安。

⑥ This seems to be a very clear case and we hope you will make a prompt settlement.

看来情况已十分清楚，我们希望你能设法尽快解决问题。

2. 省略表示原因的连接词

在英语的因果句中，通常使用连接词来表示原因，而汉语则倾向于通过词序的先后来表达因果关系，即将“因”放在前面，“果”放在后面。因此，在英译汉时，通常可以省略不翻译原文中的这种连接词。如：

① As it is late, you had better go home.

时间已不早了，你最好回家去。

② As she was not well, I went there alone.

她身体不好，所以我独自到那去了。

③ As our customers are in urgent need of the goods, please effect shipment as soon as possible.

我方客户急需此货，请尽快办理货物的装运。

④ We must stress that this offer remains open for three days only because of the heavy demand for the limited supplies of this walnut in stock.

核桃存货有限，而需求却不断，本公司必须强调，此报价有效期仅为三天。

⑤ Because the departure was not easy, we made it brief.

告别这件事难受得很，我们就做得简短些。

⑥ Since we are old friends, I suppose D/P or D/A should be adopted this time as the mode of payment.

咱们是老朋友了，我想这次应该用D/P或者D/A付款方式吧。

3. 省略表示条件的连接词

表示条件的连接词if，一般译为“假如”“如果”等，但在日常口语体或文言文结构中，往往可以省略不译。例如：

① If winter comes, can spring he far behind?

冬天来了，春天还会远吗？

② If it should rain tomorrow, I shall stay at home.

明天下雨，我就待在家里不出去。

③ If I had known it, I would not have joined in.

早知如此，我就不参加了。

④ You can stay to dinner if you like.

你愿意的话，可以留下一起吃饭。

⑤ We hope you will bid for this article if you have interest in it.

你方若对此货有兴趣，望递盘。

⑥ Your application for sole agency is now under our careful consideration. If possible, we should like to know your plan to push the sale of our products.

你们想独家代理的请求我们正在仔细考虑当中，可能的话，我们很想了解你方推销我们产品的计划。

4. 省略表示时间的连接词

通常用 when 和 as 等词代表时间关系，翻译成汉语时通常用“当……时”，或仅用“时”。但假如在汉语表达中有明显的时间前后次序，为了简单简略，“当……时”或“时”一般能够省略。如：

① The day when he was born remains unknown.

他出生的日期仍然是未知的。

② Since love is the beauty of the soul, when love grows within you, so beauty grows.

爱是灵魂的美丽，内心的爱增加了，内心的美丽也增加了。

③ I could not help thinking of his company when the other day I saw George selling the products by himself in the street.

前几天，我看到乔治独自一人在街头推销产品，不禁想起了他的公司。

④ We will contract you as soon as the new crop comes to the market.

收成上市时，我方定会和你方联系。

⑤ I was having a beautiful dream when someone knocked at the door.

我正在做美梦，突然有人敲门。

⑥ Strike the iron when it is hot.

趁热打铁。

（五）省略冠词

英语中凡是指全体、天地间唯一的事物、最高级形容词及特定的普通名词，一般都要在前面加定冠词 the（指全体亦可加不定冠词或用复数名词），根据汉语习惯，皆不必译出。例如：

① A camel is much inferior to an elephant in strength.

骆驼的力量不如大象。

② I would like to discuss with you the problem of agency for your electric fans.

我想同贵方商谈你们电风扇的代理问题。

③ That is the reason why he left the village where he was born.

这就是为什么他离开出生的村庄的原因。

④ We are a state-owned corporation handling textiles products.

我们是经营纺织产品的国有公司。

⑤ The man sitting at the window is our manager.

坐在窗边的男士是我们的经理。

⑥ The customers are complaining of the inferior quality of our products.

客户投诉我们的产品质量低劣。

（六）省略介词

通常介词在不同的情况下会代表不同的意思，如 in、on、at 等词便是，千万不可一见这些词就一视同仁。例如：

① Suddenly, there came a knock to the door.

突然响起了敲门声。

② There are 100 pence in the English pound.

英币 1 镑是 100 便士。

③ I'm warning you for the last time.

我最后一次警告你。

④ Will you be out for a long time?

你会出去很久吗?

⑤ He lies in bed for a whole day.

他卧床一天。

⑥ Smoking is not allowed in the warehouse.

仓库重地，不准吸烟。

第二节　直译法与意译法

一、直译法

作为一种非常重要的翻译策略，直译多用于科技资料翻译、外语教学（便于学生了解两种语言结构的差异），以及文学翻译等领域。直译的优势在于能够更为直观地传递原文意义，展示原文的异国情调，再现原文的语言和表达风格。请看下列例子：

① virtual water

虚拟水。

virtual water是英国学者托尼·艾伦（Tony Allan ）在1993年提出的一个新概念，指的是生产产品和服务必须要耗费的水资源，即凝结在产品和服务中的虚拟水量，用以计算食品和消费品在生产和销售过程中的用水量。例如，一台台式电脑含有1.5吨虚拟水，一条斜纹牛仔裤含有6吨虚拟水，一千克小麦含有1吨虚拟水，一千克鸡肉含有3到4吨虚拟水，一千克牛肉含有15到30吨虚拟水。因此，缺水国家或地区可以采用虚拟水战略（virtual water strategy ），以贸易的方式从水资源丰富的国家和地区购买水密集型农产品，尤其是粮食，从而获得淡水和粮食的安全。virtual water 可直译为“虚拟水”，但其概念还有待于推广。

② the seven year itch

七年之痒。

the seven year itch 是指婚姻到了第七个年头，因婚姻生活的平淡乏味而可能经历的一次情感危机。虽然在汉语中没有相应的概念或表达，但可直译为“七年之痒”。

③ US uses carrot-and-stick policy for Myanmar.

译文：美国对缅甸采取胡萝卜加大棒式的外交政策。

“胡萝卜加大棒”源自一个古老的故事，即若要使驴子前进，要么在它前面放一个胡萝卜引诱它走，要么用棒子在后面赶着它。这是一种奖惩并用、恩威并施的手段，旨在诱发所希望发生的行为。因此，采用直译策略非常形象，使得美国政府对他国威逼利诱的惯用做法跃然纸上。

二、意译法

作为一种不同于直译的翻译策略，意译的目标在于准确再现原文所传达的意义和信息，而不仅仅局限于逐字逐句的形式对等。意译主要在源语与目的语之间存在巨大文化差异时应用，其特点是以目的语为导向，使用规范的目的语语言来再现原文的意思。意译注重译文的自然流畅，不强求保留原文的结构及修辞手法。世界各国和各民族在语言、文化、经济制度、社会习俗和生态环境等诸多方面存在着巨大的差异，这使得意译在翻译过程中成为一种不可或缺的策略。请看下列例子：

① He is past his Jesus year, but has yet to hit his Elvis year.

他已过了 33 岁，但还不到 42 岁。

Jesus year 在这里是指耶稣被钉死在十字架上时的年纪，即 33 岁；而 Elvis 是指猫王 Elvis Presley ，他年仅 42 岁就英年早逝了，所以 Elvis year 在这里是指 42 岁。由于中国文化中没有 Elvis year 和 Jesus year 这类的概念及相应的表达方式，所以采用意译策略成为唯一的选择。

② Britannia rues the Waves.

英国航运业的悲哀。(或：大不列颠望洋兴叹)

这是英国一个报刊某文章的标题，其立意借用了英国海军军歌（*Rule, Britannia*）中的一句歌词“Britannia rules the waves（不列颠统治海洋）”，仅把“rules（统治）”改为“rues（懊悔，悲伤）”，目的是讽刺日益衰败的英国航海业。在英语修辞方面，这个例子成功地运用了仿拟修辞手法，因为“rules”与“rues”在发音上几乎相同，但意义却截然不同。因此，可以想象，有幽默感的英国人看到这个标题时会有何种感受。然而，这种既具有文化特色又具有修辞特点的英式幽默在汉语中很难再现。因此，为了传达标题的基本含义，我们只能放弃修辞特色，采用意译策略。

③ Yet quantitative easing is no silver bullet.

然而，量化宽松货币政策并不是（拯救经济的）灵丹妙药。

在西方鬼怪题材的小说和电影中，“silver bullet”是具有驱魔的效力、可以杀死狼人、女巫和吸血鬼的唯一利器。在现代英语中，“silver bullet”是指最为有效的手段、王牌、法宝等。由于汉语母语者缺乏有关“silver bullet”的背景知识，所以最好将其意译为“灵丹妙药”或“法宝”等。“quantitative easing”主要指的是中央银行在实施零利率或近似零利率政策后，利用购买国债等中长期债券，加大基础货币供应，向市场投入大量流动性资金的调控方式，支持开支和借贷，也被简化地称为间接增印钞票。

第三节　异化法与归化法

一、异化法和归化法的形成与发展

异化法和归化法的来源可追溯到十九世纪下半叶的德国古典语言学家和翻译理论家弗里德里希·丹尼尔·恩斯特·施莱尔马赫（Friedrich Daniel Ernst Schleiermacher）。在他的著作《论翻译的方法》中，施莱尔马赫讨论了两种翻译方法。一种方法是译者不改变作者的原意，使读者能够理解并接近原作者的意图；另一种方法是不干扰读者的思维，让原作者向读者靠近。当时的施莱尔马赫并未为这两种文学翻译方法进行明确定义或命名。直到 1955 年，美国著名翻译理论家劳伦斯韦努蒂在他的作品《在译者的隐身》中，明确把施莱尔马赫提出的这两种文学翻译方法分别称为异化法和归化法。异化法要求翻译者与原作者保持紧密联系，站在原作者角度，尽可能准确地传达原作者的意图；而归化法要求翻译者与读者群体靠近，将读者的理解和意愿融入翻译过程中，使读者能够身临其境地欣赏原著的文学精华。具体而言，归化法在文学翻译中可以明显地体现在对人名、地名、文章结构和叙述顺序的处理上，甚至包括对文章的褒贬态度和体裁风格的呈现。换言之，异化法可以视为直译，而归化法则可视为意译。

二、归化法在文学翻译中的应用和流行原因

西方文学作品向中国市场大量涌入有一个重要原因是鸦片战争的爆发，该事件打开了中国的国门。在这一时期，外国文学作品大量涌入，翻译家林纾翻译了

近一百八十部西方文学著作。在林纾的翻译作品中，主要以文言文为主，他广泛运用了归化法进行文学翻译。尽管林纾的作品吸引了众多读者，但他的翻译作品中也出现了一些笑话。例如，他曾将莎士比亚的戏剧翻译成叙述性古文，因此被胡适谴责为“莎士比亚的罪人”。随着1919年五四运动的爆发，新文化风潮席卷了中国的大部分地区。在这一背景下，鲁迅提出了“宁可信而不顺”的翻译原则，从而重新引发了异化翻译方法的兴起。然而，必须承认，异化翻译方法也带来了当时翻译过于“僵化”的问题。二十世纪三四十年代，一些翻译家提出了在翻译领域重新运用归化法的要求。随着新中国的成立，我国的思想文化发展朝着更加自由民主的方向迈进。在这个时期，一些有远见的翻译家们提出了“翻译应追求内在相似而非形式相似”“翻译应具备艺术创造性”等观点，进一步推动了归化法的流行。

近百年来，归化法在翻译界被广泛应用的原因是一个值得通过典型案例略作分析的问题。例如，刘英凯曾经在《归化——翻译的歧路》中提出，“归化法是译者努力将作品向读者方向靠拢的翻译方法，翻译后的文章让读者读起来能够有一种亲切、熟悉、顺畅的感觉，不会出现由于作者与读者之间存在语言差异而使得作品的真正意义被读者忽略、不理解的情况。对于长期闭关锁国的中国来说，让国民一下子接受完全新鲜的外来文化，势必不会有好的效果。换句话说，读者的阅读欣赏水平对文学的翻译内容有着很大的制约。”

译者的身份和背景也对归化法的实施产生影响。然而，具体汉化的程度还受到翻译者本身的地位和背景的制约。在中国早期，缺乏文学基础的译者不可以从事翻译工作。因此，在他们看来，翻译作品就是一种程度上的文学创作，自然在这种情况下归化法会得到充分体现。

归化法受到广泛支持的第三个原因是没有足够科学而正确的翻译理论指导。那时中国的翻译事业初步兴起，缺乏前辈们珍贵的经验作为指导，因此刚刚进入翻译界的学者们不得不依靠自身的思考来探索。在那个时代的背景下，把文学作品译成积极、有益于中国国情发展的内容被视为最佳选择。因此，翻译家们都向着迎合大众口味的方向翻译。

三、异化法将成为未来翻译主导的原因

改革开放后，中国翻译人员翻译了很多西方文学作品，随着这些文学作品的传播，部分西方翻译理论不断传入中国。越来越多的译者开始认识到归化翻译方法的局限性。与此同时，随着中外交流的加强，中国人逐渐对西方文化有了更多的了解，他们慢慢汲取和采用了西方的很多哲学观点、文艺作品和先进思想。他们不再过分排斥西方翻译理论，因此，对于西方文学作品的翻译更倾向于保留原汁原味。

经济全球化是一种全球范围内的发展态势，在经济全球化潮流的带动下，经济的增长不可避免地促进了文化的演变。在这方面，各国之间的频繁经济往来必然涉及文化的交流。这种交流从人们的言语交流开始，延伸到思想碰撞，最终影响到行为规范。西方文化在多个方面对中国社会产生了影响。随着全球化的进程，这已经成为各国文化进程中的必然态势。因此，在翻译实践中，异化翻译策略不断受到推崇。

随着对异化法的认识不断深入，归化法的缺点逐渐显现出来。这些理论认识的更新不仅促进了我国文学翻译事业的发展，还催生了许多优秀的翻译作品。国人的理解和接受能力逐渐加强，进一步提升了异化法在文学翻译中的地位。然而，尽管异化法在未来的文学翻译中扮演重要角色，但它并不会完全主导文学翻译市场。

四、关于归化与异化的争端

在翻译领域，关于异化与归化向来都有争论，翻译家们也各有各的观点，似乎难以达成一致。总体而言，我们可以将这些观点概括为两个主要派别：支持异化派和支持归化派。

（一）支持异化派

异化派认为翻译的宗旨是忠实地向译语读者传达异域民族的社会生活、文化传统、思想观念及先进的科学知识。异化翻译不仅要准确表达原作者的思想和写作特点，还能为翻译注入新的活力，从而丰富翻译的语言和文化。作为一名翻译人员，应清晰地懂得翻译的目标在于忠实地译介外域世界，译者的职责是在翻译

中真实地呈现原文作者所描绘的世界，绝不能够用个人观念对外域世界任意扭曲，也不能用译语的某些优势来取代原语的独特语言表达形式。

在刘英凯的论文《归化——翻译的歧路》中，他强烈支持异化翻译方法。他认为，用“归化”的形式翻译无法真实地表达源语言所独有的文化传统、地域特色、习俗潮流和语言习惯等内容，这种翻译形式淡化了民族特色，迫使它们在目标语言中同化，从而必然扭曲了原文的含义。这种遮蔽外来风格的“归化”翻译方法，一方面是“失真”的翻译版本，十分缺乏美感。另一方面，“归化”翻译方法也制约了语言的丰富性，不利于吸纳外语中的新元素，也不利于各民族之间的文化沟通。

孙致礼教授提出了一种关于翻译的观点，即只有通过异化翻译才可以准确表达原文中的“异质因素”。这些异质因素包括原作中独特的文化特色、异国语言形式，以及作者独特的写作手法。孙教授指出，虽然在20世纪的大多时间里，归化翻译是用得最多的翻译法，但到21世纪，这种局面就会发生变化。随着国际交流的越来越频繁，以及各国人民之间的沟通逐渐增加，向作者靠拢的异化翻译将会广泛地被采用。因此，孙教授预测21世纪的文学翻译将以异化为主导趋势。

韦努蒂是一位知名的美国翻译理论家，他以其对国外异化翻译的研究而闻名。根据他的观点，流畅的归化式翻译不仅遮住了作者的辛勤劳动，使他们遭受到一种“隐形”的不公正对待，还遮住了不同文化之间的不同及原作的历史感，将主流文化的当代价值观强加给原作。由于归化式翻译的要求是使译文读起来更像原文而非翻译作品，因此读者很容易错误地将受到目标语言主流文化和语言价值观影响的译作视为原作的原貌。

（二）支持归化派

在归化派中，奈达是最具代表性的人物。他提出了“最切近的自然对等”的理念。他从社会文化层面出发，把翻译作品读者放在首要位置，并细致分析原作信息的意图。奈达在多种不同的场合反复传播它的观点，也就是“译文基本上应是源语信息最切近的自然对等”。为了尽可能自然易理解地传达原意，并使译文读者能够理解源语信息，不一定需要接受源语文化的模式。因此，在将英语成语“to grow like a mushroom”翻译成中文时，可以使用汉语成语“雨后春笋”作为表达方式。

蔡平教授针对孙致礼教授在文学翻译领域所提出的“异化将成为二十一世纪的主流”一说，提出了反对意见。他觉得翻译的核心目标在于实现交流，即使得译文读者能够领会原文所要表达的含义。所以说，翻译的根本目的就是让一种语言归化到另一种语言中的过程，而文学翻译也是如此。经过大量的翻译实践后，我们可以得出结论：归化翻译法占主导地位，而异化翻译法只能处于次要地位。

在先前的讨论中，我们提到了异化派和归化派分别所主张的观点。乍看之下，译文的归化与异化似乎是相互对立的。异化要求不偏离于原文，保留异域情趣，尽量多地保持语言和文化的民族性，它代表了世界文化融合的一种潮流。而归化则是一种翻译手段，用于在无法理解或准确表达的状况下使译文本地化，是一种以读者为中心的妥协转化。然而，异化和归化之间的这种对立并不意味着它们相互排斥。优秀的翻译应该在异化和归化之间找到一个“合理”的平衡点。鲁迅先生曾说过：“凡是翻译，必须兼顾着两方面，一面当然是力求易于理解，另一方面则要保持原作的风采。”也就是说，既要有一定程度的“西化”，又要兼顾适度的“本土化”。“兼顾着两方面”即代表了“归化”和“异化”的统一。

主张异化派的人和主张归化派的人都需要对方翻译方法的补充，因此，双方都认为应选取一种不偏不倚的方法。如，孙致礼教授说：“我们采取异化法的时候还要注意限度，讲究分寸；行不通的时候，还得借助归化法，两种方法相辅相成，相得益彰。”而蔡平教授说：“事实上，异化法和归化法并不是互相排斥的对抗性概念，而是相互补充，相得益彰的翻译策略和方法。”由此可知，翻译家们也都在尝试找到归化和异化间的一种公认的搭配方式，但无论是孙先生提出的“相辅相成”，还是蔡先生提出的“相互补充”都没做到给我们指出一个明晰的借助“归化”或“异化”的标准。

除此之外，在翻译中，归化和异化的表达方式也不是一成不变的。在时间推移和社会发展不停的脚步中，曾经在特定时期被称为异化的表达方法，很可能变成译语的组成成分，没有了异质的元素。从这个角度说，异化也就演化为了归化。例如，林纾将“honeymoon”翻译为“蜜月”能够称作是异化的译法。由于当时汉语中没有相应的词汇表达此合成词的意思。因此，林纾通过分别翻译这个合成词的两部分字面意思放在一起便产生了“蜜月”一词。这个词在当时的汉语中并没有具体的含义，因此“蜜月”一词听起来新奇、有洋味，传达了异国的风土人情。一段时间后，“蜜月”这个词被人们广泛认可并应用，逐渐完全本土化了，这时“蜜月”这个词就归化了，成为了汉语中的一个词语。

五、异化法和归化法在英语翻译中的应用

（一）异化法

异化策略有如下四个特点：

①不完全依照目的语的语言与语篇规范；

②在恰当的时候挑选不通顺、不易理解的语言；

③特意留存源语中的实现材料或使用目的语中的古词语；

④给目的语读者安排一次与众不同的阅读体验。

采用异化策略来处理原文中带有明显文化特征的元素，其结果必然会出现一些不同于目的语的新表达形式及其承载的文化内涵，而语言作为一个开放的体系，也具有强大的包容力和吸纳力。伴随各国、各民族之间经贸与文化互动的日益增加，每种不同的语言都有所收获，获得了不同程度的丰富。例如：汉语中的象牙塔（ivory tower）、愿景（vision）、黑马（dark horse）、桑拿（sauna），以及英语中的 kung fu（功夫），paper tiger（纸老虎），tofu（豆腐）等。请看以下例句：

① To kill two birds with one stone.

一石二鸟。

类似“To kill two birds with one stone.”的汉语表达有“一箭双雕”或“一举两得”，但采用异化策略将其译为“一石二鸟”则有一种令人耳目一新的感觉，可以使汉语母语者了解到有别于汉语的英式表达方式。

②谋事在人，成事在天。

Man proposes，heaven disposes.

英语国家读者只有“神”，没有“妖”的文化概念，因此采用异化策略将“成事在天”译为“Heaven disposes”更能够体现不同于基督教文化的佛教和道

教色彩。当然，也可以将“谋事在人，成事在天”译为“Man proposes，God disposes.”或“Duties are ours，events are God’s.”，但这就属于归化策略了。

（二）归化法

归化是一种以目的语文化为导向，需要译者贴近目的语读者，使用目的语读者通常的表达方式来传达原文内容的翻译策略。归化策略的宗旨是减弱译文中的外国情调，为目的语提供一种通俗易懂的译文，即施莱尔马赫所说的“尽量不干扰读者，请作者向读者靠近”。采用归化策略的译者通常都会有意识地采取一种自然流畅的目的语文体，把译文调整为目的语篇体裁，加入必要的解释并删去原文中的直观表达方式。请看以下例句

① When the cat is not home，he mice dance on the table.

山中无老虎，猴子称大王。

这是一句荷兰谚语，意思是说“当猫不在家的时候，老鼠就会肆意妄为（直译为在桌上跳舞）”。如果采用归化策略，借用汉语母语者耳熟能详的“山中无老虎，猴子称大王”这一汉语俗语来翻译本句，则更有助于译文读者产生与原文读者相似的阅读效果。

②癞蛤蟆想吃天鹅肉。

The toad on the ground wants to eat the goose in the sky.

译者采用归化策略，放弃了“天鹅”一词，而以“goose（鹅，雁）”取而代之，巧妙地借用英语习语“a wild-goose chase”来表达“徒劳之举”的意思，使得译文非常传神。

第四节 正反、反正译法

各个民族都有否定和肯定的思维方式，不过在表述上，它们的方式不完全相同。英语和汉语这两个“民族”也不例外。当要表达否定意思时，汉语并不需要过多的形态变化。相反，表达方式比较简单，容易被发现，几乎所有包含否定标志词“不”“无”“莫”“勿”“未”“否”“别”“没有”等的词语，都可以表达否定的意思。英语的否定形式要比其他语言复杂许多，因为它不仅需要否定词，而

且还需大量使用否定词缀（例如 dis–、il–、in–、non–、–less 等），以及形式上是肯定的但实际意义上是否定的各种词语（例如 fail、deny、defy、miss、lack、ignore、but、except、beyond），短语（例如 instead of、in place of 等）或其他结构（例如 more…than…、other than …、rather than…等）。英汉两种语言在表达否定意思时形式存在很大差异，因此在翻译过程中，采用正反或反正的翻译方式是必要的。这意味着英语一些表达肯定的词语或句子，在译文中可以使用否定的表达方式。英语有些从反面表达的词或句子，译文又可以从正面表达。采用这种表达法不仅使语言更生动流畅，而且效果更佳。

一、正说反译法

正反译法是指从英文形式上看是肯定的，但其内容带有否定意义，因而在译成汉语时应根据其深层含义译成相应的否定句。也就是说，英文中既未出现“no”“not”“none”“nothing”“nobody”“neither”“nowhere”或“barely”“hardly”“seldom”“rarely”等带有否定意义的词，也未出现带有否定词缀的词，如“de”“dis–”“im–”“in–”“ir–”“non–”“un–”或“–less”。不过其所述说的内容是否定的。而且，有时否定语调很强。在这样的语句里，通常会用到名词、动词、介词、形容词、副词、连词及其词组。在翻译成汉语的时候，一般使用“不”“没”“没有”“非”“无”“未”“否”等否定词。

（一）名词及名词词组

① A few instruments are in a state of neglect.

一些仪器处于无人管理状态。

② Her abstraction wasn’t because of the tea party.

她那种心不在焉的神气，并不是因为那个茶会的缘故。

③ She knew it was evidently Greek to her.

她知道她显然不懂得那事。

④ Silence reigned all over for a while.

一时全场寂静无声。

⑤ For the complicated problem, he was at a loss for words.

面对这个复杂的问题，他不知怎么解释才好。

（二）动词及动词词组

① Time failed me to finish my talk.

时间不允许我把话讲完。

② The specification lacks detail.

这份说明书不够详细。

③ Unfortunately, I missed the train.

可惜我没赶上那班火车。

④ Such a chance denied him.

他没得到这样一个机会。

⑤ The book leaves much to be desired.

这本书缺点不少。

⑥ In winter plants should be protected from cold.

冬天应保护植物不受冻。

（三）介词及介词词组

① Good advice is beyond price.

忠言是无价的。

② The theory of Relativity worked out by Einstein is now above many people's comprehension.

爱因斯坦的“相对论”现在还有许多人理解不了。

③ The strange phenomenon seemed out of understanding.

这一奇怪现象似乎是无法理解的。

④ These parts are made of plastics instead of metals.

这些部件不是由金属而是由塑料制成的。

⑤ What you suggested is beside the mark.

你的建议不切题。

⑥ His book is beneath criticism.

他的书不值一评。

⑦ It is anything but bad.

这完全不是什么坏事。

（四）形容词及形容词词组

① He is not stupid, merely ignorant.

他并不愚笨，仅仅是无知而已。

② The conclusion is final.

这一结论是不可改变的。

③ Worm gear drives are quiet, vibration free, and extremely compact.

蜗轮传动没有噪声，没有振动，而且非常紧凑。

④ Free of any external force, a falling body will continue falling.

下落物体在无外力作用下将会继续降落。

⑤ Short of equipment, we make our own.

没有设备，我们自己造。

⑥ The sun sends out more solar energy than man man can use.

太阳释放出的太阳能，人类用不完。

（五）连词

① He arrived there before it began to rain.

他到那时，天还没有下雨。

② I never go past that house but I think of my miserable life in the old society.

我走过那所房子时，没有一次不想起我在旧社会所过的悲惨生活。

③ She couldn't sit still till her native country was free.

祖国不解放，她就不能袖手旁观。

④ I won't go unless he tells me.

要是他不告诉我，我就不去。

⑤ Hurry up, or you will be late.

快点，否则你要迟到了。

（六）副词

① We may safely say so.

我们这样说万无一失。

② He is taller than his elder brother.

他比他的哥哥高。

He said idly, "Well, what does it matter?"

他漫不经心地说："哼，这有什么关系？"

④ She always seemed too busy in the house.

她们似乎总是为屋里的事忙不过来。

⑤ Slowly he pulled the letter out of the envelope.

他不慌不忙地从信封里把信抽出来。

（七）固定词组及句式，习语及谚语

① The uses of metals are far from finished.

有关金属的用途还远没有讲完。

② He was too young to go to school.

他太小了，还不能上学。

③ Her hair is black rather than brown.

她的头发是黑色的，而不是棕色的。

④ When meeting with difficulty, he would rather think if over himself than know its answer with the help of others.

有困难时，他宁愿自己思考也不借助别人帮助得到答案。

⑤ The judge told the witness that his remarks were off the point.

法官告诉证人，他的话与案子无关。

⑥ Fancy meeting you here!

真想不到在这碰到你了！

⑦ My plans are still quite in the air.

我的计划还没有定下来。

⑧ If it worked once. it can work twice.

一次得手，再次不愁。

二、反说正译法

英语从反面表达，汉语从正面表达。当否定句译成肯定句更能表达原文含义，使译文更加明晰、自然流畅时，应译成肯定句。英语中含有否定词语的结构和双重否定的结构翻译时往往可以从正面表达。例如，“unfasten（解开）”，“dislike（厌恶）”，“displease（使人生气）”，“indecisive（优柔寡断的）”，“fearlessly（大胆地）”等一些副词、形容词、名词、短语，以及英语里一些表达否定意思的词或词组，如“no”“not”“not…until ”“no less than ”“no more than ”“nothing but”“cannot …too”等。

（一）动词

① Catching such a bad weather he had to decelerate the car.

赶上这样一个鬼天气，他只得把车子减速。

② “Don't unstring your shoes, Tom.” she said.

她说：“把鞋带系上，汤姆。”

③ She immediately disappeared among the crowds.

她很快就消失在人群中了。

④ The difficulty was still unsolved.

困难仍然存在。

⑤ He unpacked the trunk, but it was empty.

他打开了皮箱，可里面是空的。

⑥ We have discovered he is quite careful in his work.

我们发现，他工作很仔细。

（二）副词

① “What happened?” she asked breathlessly.

“出了什么事？”她气喘吁吁地问。

② How can you do your homework so carelessly? the teacher asked angrily.

“你怎么能这么马马虎虎地做作业呢？”老师生气地问。

（三）形容词

① All the articles are untouchable in the museum.

博物馆内一切展品禁止触摸。

② His unusual behavior caused his mother’s attention.

他异常的举动引起了母亲的注意。

③ Please cut out unnecessary words.

请删去多余的词。

④ This is a relatively unsophisticated problem.

这是个比较简单的问题。

⑤ During the Depression, many workers were’off bless.

经济大萧条时期，许多工人失业了。

⑥ He is such an indecisive person.

他这个人很优柔寡断。

⑦ I’ll be disengaged on Saturday.

星期六我就闲了。

（四）名词

① He watched me with disbelief.

他怀疑地看着我。

② The little boy has a strong dislike for English.

这个小男孩很讨厌学英语。

③ Unemployment is increasing in the capitalist countries.

资本主义国家失业人数正在增加。

④ He never told an untruth in his life.

他一生从不说谎。

（五）固定词组，句式及习语

① It is nothing but a joke.

这只是一个笑话而已。

②—Do you like beer?

—你爱喝啤酒吗?

—Oh not hall.

—非常爱喝。

③ Take the medicine and you will feel better in no time.

把药吃下去，你很快就会好些的。

④ The job is no sweat: we finished it in half an hour.

这工作很容易，我们半小时就完成了。

⑤ He enjoyed the concert no end.

他非常欣赏那个音乐会。

⑥ As often as not, she thinks before she speaks.

她常常想好了才说。

⑦ I'd go there as soon as not.

我很乐意去那儿。

⑧ You can't be too careful in your work.

工作越仔细越好。

第四章　跨文化视角下英汉词语翻译实践

语言与文化密切相关，文化对语言有着重要的影响。文化不同，其影响下的语言也不尽相同。在语言翻译前，了解语言差异十分必要。词汇作为语言的重要组成部分，也必然受文化的影响。为此，本章主要阐述了英汉词汇的差异、英汉虚词的翻译、英汉词语的翻译策略三方面的内容。

第一节　英汉词汇的差异

英语词和汉语词的不同首先体现在词的构成上。英文词是由数个字母排列而成的单个字母，对这个单词本身的意义不产生影响。英语中词是由词素（morpheme）组成的，所谓词素，是指英语中具有意义的最小单位，不能单独运用在句子中。例如，单词“electromotor”，前缀词根“electro-”表示“电的”，“mot”表示“to move”，后缀“-or”表示名词，那么这个单词的意思就是“电动机”但拆开来看，三个词根都不具备可独立运用的意义。与英语词相对，汉语词则没有内在结构和形态的变化，汉语词由单个的汉字组成，每个汉字对这个同的意义都可能产生影响。这些组成词的汉字称为语素，是可以单独运用在句子中的。例如，“踏青”“单行道”“护城河”等词语，词义是由组成词的语素意义拼接起来形成的，每个语素“踏”“青”“单”“行”“道”“河”又有各自独立的意义，可以在句子中独立使用。

除了了解英汉两种语言构词上的区别以外，熟悉掌握词汇的语法分类也是非常重要的。英语词可以分为以下几种词类：名词（noun）、形容词（adjective）、动词（verb）、副词（adverb）、代词（pronoun）、数词（numeral）、介词（preposition）、连词（conjunction）、冠词（article）和感叹词（interjection）。

通常，前六类词语可以作为独立的句子成分，具备实在的词义，如名词可做主语、宾语、表语等，动词可作谓语，形容词常作定语，副词多作状语等，这些词称作实词（notional words）；但介词、连词及感叹词都不可以作为单独的句子成分，只有语法意义，称为虚词（form words)。但某个英语词属于哪个词类并不能一概而论，因为在不同的搭配中词所充当的成分是不同的。英语词的另一个重要特征就是一词多义。一个词，其词汇形式不同，如“-ing”和“-ed”形式，词汇的具体意义是不同的。它在某一个句子中充当的成分不同，在该语言环境中的具体含义也是千差万别的。

汉语词的分类和英语基本一致，但一词多义的现象相比英语少很多。因此，在开始动手翻译英语单词之前，心中一定要清楚每一个词的词性是什么、在句中充当什么成分，这样才能在具体语境中找到单词最贴切的释义，而不是在字典上随意找一个释义来拼凑翻译。

第二节　英汉虚词的翻译

英语词分为实词和虚词，汉语词也有同样的分类，实词指有实在意义的词，表示事情、事物、感情、观点等；虚词则不表示具体的概念。英语中的虚词包括冠词（articles ）、代词（pronouns ）、连接词（conjunctives ）和介词（prepositions ）由于没有实际的意义，翻译英语虚词的时候需要根据具体的语境和搭配决定如何将其译为中文。

一、冠词的省译和翻译

冠词是虚词的一种，没有独立的意义，只能依附在名词之前，包括不定冠词“a/an”和定冠词“the”。与汉语不同，英语冠词的存在非常广泛，含义也很丰富。不定冠词“a/an”与数词“one”同源，表示“一个”；定冠词“the”与“this”和“that”意思接近，表示“这个或那个”，只是指示程度比较弱。一般说来，不定冠词泛指某个事物或人，定冠词特指一个或几个事物或人。而在汉语中，名词前面是不需要冠词的，名词自身也不具有明确的泛指或特指概念。所以，在英汉互译中，应参考具体的语言环境来判断名词前的冠词该如何处理。

此外，在英语中，专有名词、抽象名词和物质名词等名词前，通常不用冠词。在英汉翻译中，英语冠词的翻译一般涉及如下情况。

（一）冠词的省译

由于不定冠词后面所跟的名词通常是前文没有出现过的事物或者人，一般来说，省译的相对较少；而定冠词后面的名词大多数是之前出现过的，很多时候被省略了。

（二）冠词的翻译

英语的冠词在一些情况下是必须翻译出来的。

He died on a Monday.

他是在一个星期一去世的。

这个句子中的"a"表示"某个"，并不是所有星期一中的随意一个，而是说话者不确定死者去世的时间具体是什么时候，用"a Monday "表示一个比较模糊的时间概念。如果省略了"a"，变成了"他是在星期一去世的"，意思就和原句相去甚远了。

二、代词的翻译

代词就是代替名词的词，可以分为人称代词、物主代词、自身代词、相互代词、指示代词、疑问代词、连接代词、关系代词、不定代词等。代词在句子当中起着名词的作用，也可以作为主语、宾语、表语、同位语等。英汉两种语言相比较而言，代词的用法有相似之处，也有不同的地方。

汉语代词一般包括人称代词、指示代词和疑问代词，而英语代词多了名词性代词和连接代词等。英语中使用代词的频率更高，指代关系比汉语更加明确，而汉语则倾向于重复人名或称谓，避免指代关系上的混乱。因此，在英译汉的时候，一定要弄清楚英文代词的指代关系，翻译出的汉语要适当减少代词的使用，使译文读起来更流畅、更符合汉语行文的习惯。另外，英汉翻译中，只要不影响读者理解指代关系，代词都应当省略不译。有时，为了让汉语读者明白原文中的指示关系，还需要将代词还原为所指代的名词。

三、连词的翻译

连词是在语句中对词和词或分句和分句起连接作用的词语。英语连词包括从属连词和并列连词。从属连词引导从句，如“that”“which”“when”“where”“if”等。并列连词连接两个并列的词、短语或分句，包括“and”“or”“but”等。

If teacher, parents and psychologists understand the mistakes that can be made in ascribing a meaning to life, and provided they do not make the same mistakes themselves, we can be confident that children who lark social feeling will eventually develop a better sense of their own capacities and of the opportunities in life.

假如老师、父母和心理学家理解孩子们在对生活意义认识方面可能犯下的错误，假如这些人自己不犯同样的错误，我们就会有信心：缺乏社交情感的孩子最终会对自己的能力及生活中的机会具有更佳的判断能力。

与英语不同，汉语是一种意合性语言，很多地方的连词是省略了的，如“你、我、他”，而作为形合性语言的英文就必须说成“he, you and me ”，这个 and 是不可省略的连接词。从上面这段英文的译文，我们也可以体会出汉语意合的一些特征。译文中只出现了两个连词，原文所有的从属连词全部融入整个句子的意思中了。因为汉语具有意合性，所以在汉语中词与词、词与词组和词与句子间一般不用明显的连词，而是靠人们约定俗成的语言内在逻辑串联起来的，连接得非常灵活。我们常说的“尽在不言中”“言下之意”或“不言自明”便是汉语这个特征的最好写照。而英语的形合性决定了英语行文的结构严密、语法规范。英语连词是虚词的一种，其语法功能远远大过其实际意义。所以，在英译汉的时候，一定要注意英汉之间形合和意合的差别；在翻译连词时，可根据具体的语境选择省译、增补、转译等方法。

（一）连词的省译

通过连词的省译，译文的意合性增强。

Do you want your coffee with or without sugar?

您的咖啡要不要加糖？

I can't come today or tomorrow.

我今明两天都不能来。

这两个句子当中的“or”在翻译当中都被省略了，直接意合为“要不要”“今明两天”。

（二）连词的增补和转译

英语连词的翻译难度不大，但是译文要符合汉语的语言习惯和行文规范，有时候会涉及英语连词的增补和转译。这需要译者对原文的深层逻辑关系有准确的把握。

He went and lost my pen !

他居然把我的钢笔弄丢了！

这个句子中的“and”没有实际的连接意义，只是用“go”之后表示说话者的惊讶或愤怒因此，在译文当中，我们完全找不到类似“和”“且”等表示连接的字或者词。

We got there nice and early.

我们早早就到了那里。

同样，这个句子中的“and”在翻译时也意合到了整个语境中。

四、介词的翻译

英语当中的介词用法繁多，所起的作用也各不相同。一般来说，介词按结构可分为简单介词，如“about”“up”“during”等；合成介词，如“alongside”“inside”“throughout 等；带“–ing”词尾的介词，如“barring”“following”“including”等；短语介词，如“according to”“on behalf of”“together with”等。如果按照意思分类，介词又可分为引导时间短语的介词，如“at”“on”“till”等；引导地点短语的介词，如“in”“between”“among”等；引导其他短语的介同，如“with”“in spite of”“owing to”等。不管如何分类，所有的介词都没有独立的意思，也不能在句子中作为独立的成分存在，只能与名词、代词、动名词、另一个介词、副词或形容词等以介词短语的形式在句中充当成分。

英汉翻译当中，介词的翻译也是非常灵活的，经常会根据具体语境处理为汉语的动词，也可译成汉语的介词、定语、状语，或采用转译，甚至省译。

第三节　英汉词语的翻译策略

“语句”指的是词或词组等单独的能够自由使用的最小语言单位，也是语篇翻译中的基础单位。如果对词语没有深刻的理解，就会导致误译或错译，进而对整个句子、段落及整篇文章的理解产生干扰。

在翻译过程中，最先遇到的是对语言和词汇的理解和翻译。因为英语和汉语在词汇上存在显著的区别，所以识别原文的意思，以及选择合适的翻译词汇，就是英汉互译中面临的首要问题。这也是决定翻译作品质量的一个重要环节。

理解单词的意义不仅取决于对英汉语言的基础素养，而且还与专业和文化背景知识相关。刚学翻译者应遵循不揣浅陋、精益求精的原则，特别是在遇到常用的多义词时，不仅应当在日常阅读中多多留意，还应该经常查字典和相关参考书。

在英译汉过程中，选择和确定词义一般应从如下几个角度出发进行分析和判断。

一、从语法分析的角度来理解

初学翻译者需要深入理解语法分析，以正确理解语句的含义。语法分析主要从词汇构成、词性，以及指代关系入手来分析语句中词语的作用。

（一）构词

通过分析词的构成，可以更准确地理解其含义，为正确选择译入语提供必要的参考。此外，名词的单复数变化也可能导致其含义发生变化。

（二）词性

在英语中，一个单词可以同时表示几种不同的词性，取决于单词使用的上下文和语法结构。

对于理解词语的意义来说，正确判断词性至关重要。如“Workers can fish.”这句话里的“can”和“fish”如果分别代表助动词和动词时，这句话应该翻译成“工人们能够捕鱼”；当这些词语被视为谓语动词和名词时，句子的意思就发生了变化，这句话就得翻译成“工人们把鱼制成罐头食品”。

（三）涉指关系

涉指关系指的是词在上下文中的照应关系，具体分为人称照应、指示照应和比较照应等。人称照应说的是人称代词的各个格，比如，代用词“one”，指示代词“such”和不定代词“some”“any”“each”“both”等，还有部分表示多少的限定词“much”“many”“few”“little”等。指示照应说的是名词性指示词“this”“that”“these”“those”，还有些副词性指示词“here”“there”“now”“then”等。比较照应是指使用比较级形容词和副词来对两个或多个事物进行比较的语法现象。

（四）句子成分

一个单词在句子中的语法角色不同，则其意义也不同。有些单词在形式上可以充当多种语法角色，但需要根据上下文和整个句子意思作出准确的理解，否则就容易造成误解。

二、从上下文和逻辑关系来理解

通常情况下，单独的英语单词的含义是不明确的。词的意义是由它们在句子中的语法和语义关系，以及与其他词的指代关系共同决定的。也就是说，词语的意义会受到毗邻词语的影响，在特定的语境中才能确切表达其含义。这里的语境涵盖了词汇的搭配、一般意义和专业意义、文化背景知识、上下文提示、虚同的关联作用及逻辑关系等方面。因此，在进行词义辨析时，根据上下文和逻辑关系来判断词语的意思是至关重要的。

三、从词的搭配来理解

在英语和汉语长期使用中，产生的固定的词组或常用搭配，也就是单词与单词间的横向组合关系就是词语的搭配。这些搭配有些情况下可以直接翻译成其他语言，有些情况就无法直接翻译。因为词语在不同语言中的引申含义会有所差异；不同语言中，同一词语的语境搭配方式是有所区别的。因而，在翻译时需要留意英汉两种语言之间的词汇搭配差异并从译语中精选最合适的表达方式。

首先，需要注意定语和被修饰语的搭配关系。除此之外，在英汉语言中，动物发出的声音有各自的独特表达方式。汉语常使用动词“叫”来形容动物发出的声音，但英语中动物的拟声词种类繁多，每种动物的叫声都有自己独特的表述方式。如果没有注意到搭配词的正确使用，翻译便会出现错误。例如：狗发出了汪汪的声音——dogs bark，蜜蜂发出了嗡嗡声——bees buzz，绵羊发出了咩咩声——sheep bleat，小鸡发出了吱吱声——chickens peep，鸭子发出了呱呱声——ducks quack。

四、从词的语用色彩来理解

要理解词语的用法和含义，需要关注其语用色彩。这里所指的语用色彩即应用范围（包括词语的适用范围）、表达的强弱程度、褒贬评价、所属语体和政治意义等方面。在所有的语言中，都存在语体的差异。有的语言表达文雅优美，有的则更通俗易懂，而还有一些更为粗野或使用俚语、公文语或术语。因此，在翻译时，应确保在不改变原文的思想内容的情况下，正确理解原作者的基本政治立场和观点，并使用适当的语言技巧来表达。

（一）词义的运用范围及其侧重点

在翻译中，应正确理解词语的含义。例如，“country”代表国家的地理范围；“nation”则强调统一地域范围内的全体人民；“land”则代表着国土或故乡；“state”代表国家的政治实体；而“power”则代表国家的实力。举个例子，“look”“glance”“stare”“gaze”“eye”和“peep”都可以表示观察，但是每个词的使用场合都不尽相同。

再比如说，“offender”“criminal”和“culprit”这些词都含有“罪犯”的意思，但是它们的重点略有不同。罪犯这个词不仅仅是指已经被判刑或受制裁的人，它也可以用来描述任何违反法律或规定的人，比如未成年人。例如，少年罪犯就指违反法律的未成年人。“criminal”指的是犯法较为严重的人，应该受到法律的惩罚，例如战争罪犯和惯犯。“culprit”是指被认为是罪犯的人，通常是因为有足够的证据表明他们参与了某种不良行为或事件。

（二）词义的轻重缓急

表示“笑”的词语有很多，如“laugh”是指“大笑”，“chuckle”是指“轻声地笑”，“smile”是指“微笑”，“guffaw”是指“放声大笑、狂笑”，“giggle”是指“傻笑”，“jeer”是指“嘲笑”，“smirk”是指“得意地笑”，“grin”是指“露齿一笑”。

表示“哭”的词语也有很多，如“weep”是指“哭泣”，“tearful”是指“含泪的”，“sob”是指“呜咽”，“yammer”是指“哭诉”，“howling”是指“哭哭啼啼的”，“cry”是指“大哭”。

（三）词义的褒贬和语体等感情色彩

一个词语所表达的情感色彩往往会根据使用情境的不同而有所变化，这反映了作者所赋予该词的肯定或否定、尊敬或诅咒、古朴典雅或庄严肃穆、诙谐幽默等含义。“ambition”一词的含义可以被解释为正面和负面的意义，具体取决于使用该词的上下文和语气。

当指涉的对象相同时，一组同义词的每个单词能够分别适用于不一样的文体，有些适合于正式的文体，而有些适合于非正式的文体。因此，在翻译过程中应当关注词语的文体风格特点。

第五章　跨文化视角下英汉句式翻译实践

英汉句子结构的差异主要表现在立体结构和平面结构、紧凑与疏放，以及左扩展和右扩展等方面。掌握英汉句式的特点，对提升翻译水平有重要的作用。为此本章将对特殊结构句翻译、常见英语从句翻译、英语长难句翻译几个方面的内容进行阐述。

第一节　特殊结构句翻译

一、汉语无主句、无宾句的处理

汉语作为一种意合性的语言，只要在上下文中能够流畅表明其中的含义，就可以省略任何相关内容，而无需考虑其语法抑或是逻辑关系是否完整、正确的问题。在汉语中，句式当中缺乏明确的主语或宾语的现象颇为普遍。因此，在进行英语翻译时，常常需要对隐含的主语或宾语进行补充，以便更好地满足英语语法的表达习惯。

在进行汉语的无主句的翻译时，常常采用以下多种技巧。

第一，在口语翻译中，常常采用补上人称代词作为主语的方式；

第二，在主语中加入那些含义较为模糊的名词；

第三，在正式文体中，如科技论文中，常采用转化为英语被动语态的方式；

第四，对汉语句子中的其他非主语成分进行转换，使其转化为英语主语；

第五，补充所省略的宾语，使其更加完整。

（一）补上人称代词作为主语

加强思想政治工作，讲艰苦奋斗，都很必要，但只靠这些还是不够。

① It is most essential to strengthen ideological and political work and stress the spirit of hard struggle, but counting just on these will not suffice.(《北京周报》)

② Although we have to strengthen ideological and political work and stress the need for hard struggle, we cannot depend on those measures alone.(外文出版社)

在翻译的最终结果当中,《北京周报》只是死板地将"只靠这些"翻译成了"counting just on these",但是需要明确的一点是,在句子的主语的使用当中,"counting"并不常用,也不太合适。所以,外文出版社为了能够更好地表达语句的含义,并且保证语句更加通顺且口语化,就选用了添加人称代词主语 we 的办法。

(二)补上语义或具体的词语当主语

过去,只讲在社会主义条件下发展生产力,没有讲还要通过改革解放生产力,不完全。

In the past, we only stressed expansion of the productive forces under socialism without mentioning the need to liberate them through reform. That conception was incomplete.

"不完全"可视为"这不完全"的省略形式,翻译人员翻译时可补上主语。补上的主语可以是较虚的"that",也可以在可能的范围内将其更具体化一些,上面译文补上了"that conception",比"that"更具体、更清楚。

(三)转为被动语态

基本路线要管一百年,动摇不得。

The basic line should be adhered to for 100 years, with no vacillation.

以上译文采用被动语态进行处理,语义正确,在书面语中比较妥当但在口语体中,应避免使用被动语态,可采用添加人称代词当主语如:"We should adhere to the basic line for a hundred years, with no vacillation."

（四）将非主语成分转为主语

自然而然地也能感觉到十分的秋意。

And a sense of the fullness of autumn will come upon you unawares.

And an intense feeling of autumn will of itself well up inside you.

上述两个译文是从客观角度翻译的，都将原句谓语动词译为译文中的主语。

（五）补上省略的宾语

汉语动词往往没有宾语，隐含的宾语需要读者自己通过推理得出。例如，某人说："我有如下一个建议……"另一人说："我接受。""接受"的隐含宾语就是"建议"。英语中及物动词较多，不宜说"Accept."，而应说"I accept it."，必须把宾语显示出来。

二、省略句

在语言的运用中，简洁被视为至高无上的品质，人们在交谈、书写和翻译时，有时会因为句法和修辞的需要，常常省去某些不必要的成分，而意思仍然完整，这种缺少一种或一种以上成分的句子称为省略句。在英语和汉语中，省略句的省略形式具备多样性，包括但不限于主语、谓语和宾语等多种形式，也可以是一个成分或多个成分对省略句的翻译，不管是英译汉，还是汉译英，在进行省略成分的准确理解和翻译时，必须考虑到译文语言的表达方式和习惯，这是至关重要的，并据此增加或省略被省略的成分。如果看不清楚被省略的部分，就会产生误解，导致错误的翻译。下面来探讨翻译省略句的常用方法。

（一）原文中省略的部分，译文中补出

省略是英语句子的一种习惯用法。在英语句子里，某一个或某几个成分有时可在句子里不需要出现，又或者是在前一个句子里已经出现的一些成分，为避免无谓的重复，之后就可以使其不再出现。英语中的各种成分，如主语、谓语动词、表语、宾语、定语和状语等，都可以在句中省略。但翻译时，要准确理解被省略的成分，可将其在译文中补出。

（二）原文中省略的部分，译文相应省略

英语中被省略的部分，有时根据译文需要，也可以在译文中省略。例如，有些从句中省略了和主句中相同的部分，此时根据需要，可以省略原文中省略部分，尤其是由“than”引导的比较从句，很多时候并不会翻译从句中那些被省略的部分。

有时候，在将汉语翻译为英语的时候，我们会采用一些惯常的英语文体表达方式，也可以省略一些成分。

三、倒装句

一般说来，英语陈述句的正常词序为：主语 + 谓语动词 + 宾语（或表语）+ 状语。但英语的词序比较灵活，有时为了强调句中某一成分，从修辞角度考虑，可将句中的有关成分提前，构成倒装。英语的倒装可分为结构性倒装和修辞性倒装两大类。倒装句的翻译关键在于对倒装句的理解，理解的关键在于对句子作出正确的语法分析，找出句子的主干，确定什么成分被倒装，一般来讲，翻译结构性倒装，汉语可采用正常语序；翻译修辞性倒装，可根据译文的需要，或保留原文语序，即仍然在汉语中使用倒装语序，或采用正常语序。

（一）结构性倒装的翻译

结构性倒装是由语法结构的需要引起的倒装，主要包括疑问倒装，“there be”结构倒装，虚拟倒装，以“I here”“here”“then”“thus”“now”“sooner”和“neither”等副词位于句首引起的倒装。结构性倒装的翻译一般采取正常语序。

（二）修辞性倒装句的翻译

修辞性倒装句的目的是加强语气，或避免头重脚轻，它包括句首为表示地点的介词或介词短语、否定倒装、让步倒装、“only”位于句首引起的倒装、为了叙述方便或使情景描写更加生动形象而引起的倒装等。这类倒装，根据需要，可采用正常语序或倒装语序进行翻译。

四、分词短语和分词独立结构的翻译

分词短语可以划分为两种类型，分别是现在分词短语、过去分词短语。一般说来，分词短语的翻译并不难，可根据它们在句中充当的成分译成汉语中相应的成分。我们将深入探讨将分词短语作为状语的翻译技巧。它具有表义明确、结构简单、使用灵活方便、表达清晰易懂等特点。作为状语，分词短语能够表达时间、原因、方式、结果、条件等一系列逻辑关系。在翻译过程中，准确理解分词短语与句子谓语动词之间的逻辑关系是至关重要的，因为只有这样才能在译文中对相应的表示相应逻辑关系的词语进行补充，从而提高翻译的逻辑性与准确性。

五、并列结构句

汉语中的动词并不存在形态上的变化，因此它们在表面形式上呈现出相对较多的并列结构。英语中的动词形态多种多样，包括动词原形、动词不定式和分词等多种表现方式。并且，值得注意的是，在汉语到英语的转换过程中，常常会存在词性的转换。就比如汉语动词可以变成英语名词和介词。所以说，在英语翻译的过程中，汉语的并列结构常常被转化为不并列的结构，这将导致原有的汉语的平衡美感丧失。有时候，翻译者应该有意识地维护英文翻译中词汇形态的一致性和结构的平衡性，以确保译文的准确性和完整性。在英译文中，若出现形态不协调的情况，我们可以对词汇的词性、形态进行调整，甚至可以添加一些语义不明显的词汇，以达到形态的一致性。

另外，有时候汉语的句式结构也会显得有些随意。如果在翻译过程中发现汉语语义上存在并列的情况，但是在结构上并未呈现出相应的关系，那么译者就需要对词序进行调整，以便其能够处于相应的结构上，由此就可以进一步增强译文的平衡性、可读性。

（一）把汉语并列结构译成英语并列结构

现在，我们发展社会主义市场经济，与马克思主义创始人当时所面对和研究的情况有很大不同。

At present, we are putting in place a socialist market economy. But the conditions we are fared with are quite different from those the founders of Marxism were faced with and studied.

At present, we are putting in place a socialist market economy. But the conditions we are faced with are quite different from those the founders of Marxism faced and studied.

通常认为第二种译法质量较好，该译文用主动的“face”既与“study”平衡并列，又避免了与前面的“are faced with”重复。

（二）把汉语语非并列结构改成英语并列结构

鼓励、支持和规范社会力量办学、中外合作办学。

The government will encourage, support and standardize school management by non-governmental sectors or by Chinese-foreign cooperation.

“社会力量”是具体名词，“中外合作”是抽象名词，如果译成“by non-governmental sectors or by Chinese-foreign cooperation”，未取得平衡，因为“sectors”是具体名词，“cooperation”是抽象名词。如果把“cooperation”换成“undertakings”，这一问题便可以解决。

六、被动句

语态本身属于动词表达主语和谓语之间关系的一种较为明显的表现形式，它可以被划分为两种形式，分别是主动语态、被动语态。尽管人类对于客观世界的认知可以从主动和被动两个不同的视角出发，但这两种视角所表达的事实却是相同的。在意义上的差异主要有如下表现：在主动语态当中，重点表明了主语是作为谓语动词动作的执行者存在的，强调的则是动作本身；在被动语态当中，更多的是在强调主语是作为位于动作的承受者存在的，主要表述的是动作完成之后呈现出最终状态。

（一）英语被动句的翻译

1. 译为汉语带形式标志的被动句

在进行翻译的过程当中，若是被翻译的英语句子本身表示的是某些并不太好的事情的被动句，并且在这些句子当中存在施事者，我们在进行翻译的时候就能够顺利地将其翻译为汉语的被动句，其中，为了在句子当中引出动作本身的执行者，就可以选择使用“被”“让”“由”等词。在英语中，被动句也可能存在表达不幸抑或是不愉快的情况，但是在句子中，我们可以使用动词不定式、名词或形容词等表示主语的补足语，同时也可以将其翻译为汉语的被动句。

2. 借助汉语的词汇手段来表示英语的被动句

Our foreign policy is supported by the people all over the world.

我们的对外政策受到全世界人民的支持。

Poets are born, but orators are made.

诗人是天生的，而演说家则是后天造就的。

Private enterprise and industry were permitted and encouraged.

私人企业和工业得到了许可和鼓励。

3. 译为汉语的意义被动句

在英汉两种语言中，都存在意义被动句，它们主要以主动句的形式出现，但从逻辑意义上来看，它们是被动句。通过深入地比较之后，我们发现，汉语中的意义被动句要比英语中的意义被动句更多，所以说，许多英语被动句能够被翻译成汉语的意义被动句。

4. 状语译为主语，原主语译为宾语的被动句

当介词“by”所引起的状语出现在被动句中时，我们可以将其中存在的状语翻译成汉语的主语，并将原主语翻译为宾语。

5. 译为汉语的泛指人称句

为了通过翻译将英语被动句转化为泛指人称句，就需要合情合理地引入泛称主语，就比如“大家”“有人”“人们”等词语。

6. 译为汉语的无主句

These instruments must he handled with great care.

必须小心操作这些仪器。

Attention has been paid to the new measures to prevent corrosion.

已经注意到采取防腐新措施。

7. 译为汉语的“把字句”

These questions should not he confused.

不要把这些问题混在一起。

In the first battle of this period two divisions were disarmed and two divisional commanders were captured.

第一仗就把敌军两个师解除武装，俘虏了两个师长。

8. 译为汉语的“进行句”

The dinner is cooking.

饭正在做。

The film is showing in cities.

这部电影正在市内各电影院放映

（二）汉语句子向英语被动句的转换

1. 将一些表示情感变化的主动句译为英语的被动句

汉语中表达由客观环境造成的处境、感受和情感上的变化，句子常用主动。而英语在表达由客观环境造成的处境、感受和情感上的变化时，常用被动。

2. 将一些汉语中的话题评说句译为英语的被动句

汉语中有一些话题评说句，其话题在语义上是受事，这类句子可以译为英语被动句。汉语中还有一些存现句，也可以译为英语的被动句。

3. 将汉语中的一些意义被动句译为英语的被动句

这酒口感不错，与价格相称。

This wine drinks well for its price.

那——不行！前天董事会已经派定了用场。（茅盾《子夜》）

Nothing doing there. I'm afraid. All the money was allocated to various uses at the board meeting the day before yesterday.

4. 将汉语中的无主句和泛指人称句译为英语的被动句

无主句是汉语中经常使用的句型，这类句子通常省略主语或隐含主语，处理这类句子最常用的方法就是将其译为被动句。在泛指人称句中，指代“大家”“人家”“他们”等句子的主语所指并不确定，在重要性方面并不能与宾语相提并论。因此，常将这类句子译为被动句。

5. 将汉语中一些被动句直接译为英语的被动句

这类句子主要有两种：一种是带被动标志，如“被”“为”“叫”“给”“由”“为……所”等；另一种需要利用词汇手段实现目标，就比如“受（到）”“遭（受）”“得到”“加以”“予以”等。

6. 将汉语中的“是……的”结构译为英语的被动句

汉语中的“是……的”结构用来说明一件事是怎样的，或在什么时间、什么地点做的，带有解释的语气英译时，常常译为被动句。

7. 将汉语中的“把”字句和“使”字句译为英语的被动句

汉语中有一些“把”字句和“使”字句，根据表达的需要，可以译为英语的被动句。

第二节　常见英语从句翻译

一、定语从句

（一）限制性定语从句的翻译

限制性定语从句与先行词之间存在紧密的关联，并且其本身会对受到修饰的先行词进行一定程度上的限制，不用逗号隔开，翻译这类句子可以用以下方法。

第一，前置法。一般用于较为简单的定语从句，就是对英语中的限制性定语从句进行翻译，将其转化为带有“的”字的定语词组，并将其置于被修饰的词之前，最终使得复合句被翻译为汉语单句。

第二，后置法。当定语从句的结构较为复杂，使用前置法得到的句子过长而不符合汉语表达习惯的时候，我们可以将其翻译为后置的并列分句。首先，可以译成并列分句，省略英语先行词。其次，可以译成并列分句，重复英语先行词。

第三，融合法，就是指将原句中的主句与定语从句融合为一个独立的句子。

（二）非限制性定语从句的翻译

英语中的非限制性定语从句并未对先行词施加任何限制，而是对其进行了描述、叙述或解释。在翻译这类从句时，可以采用以下方式。

第一，前置法，对于那些较短且有着描写性的非限制性定语从句，我们可以将其翻译成带有“的”字的前置定语，并将其置于被修饰词的前方。

第二，后置法。后置法的处理主要有两种情况：译成并列分句、译成独立分句。

（三）兼有状语功能的状语从句

在英语中，有些定语从句同时有着状语从句的功能，与主句形成状语关系，以说明原因、结果、目的、让步、条件和假设等关系。在进行翻译时，有必要根据原文中的逻辑关系，进而将其转化为各种相应的偏正复合句，以达到更高层次的表达。

二、名词性从句的翻译

（一）主语从句的翻译

以“what”“whatever”“whoever”等代词引导的主语从句可按原文的顺序翻译，其中，以“what”引导的名词性关系从句可译为汉语的“的”字结构或在译成“的”字结构后适当增词

（二）宾语从句的翻译

在翻译过程中，一般不需要对由“what”“that”“how”等引导的宾语从句在原句中的排列顺序进行任何改变。

（三）表语从句的翻译

就如同宾语从句，表语从句也能够遵循原文的顺序开展翻译的工作，这一点毋庸置疑。

（四）同位语从句的翻译

一般情况下，名词或代词的进一步解释可以通过同位语来实现，这些同位语包括单词、短语与从句。在翻译时，并没有对同位语的顺序做过多规定，一般可以保留同位语从句在原文的顺序，将从句提前也是一种可行的方式。

三、状语从句的翻译

（一）时间状语从句的翻译

对于时间状语从句的翻译，这里以较为复杂的“when”为例进行说明。在翻译“when”的时间状语从句时，不能拘泥于表示时间的一种译法，要结合实际环境，采用不同的翻译方法。具体翻译方法有以下几种。

①译为相应的表示时间的状语从句。

②译为“刚……就……”“一……就……”结构。

③译为“每当……”“每逢……”结构。

④译为“在……之前”“在……之后”结构。

⑤译为条件复句。

⑥译为并列句。

（二）条件状语从句的翻译

1.译为表“条件”的状语分句

If you tell me about it, then I shall be able to decide.

如果你告诉我实情，那么我就能作出决定。

2.译为表“补充说明”的状语分句

He is dead on the job.Last night if you want to know.

他是在干活时死的，就是昨晚的事，如果你想知道的话。

3.译为表“假设”的状语分句

If the government survives the confident vote, its next decisive test will come in a direct vote on treaties May 4.

假使政府经过信任投票而保全下来的话，它的下一个决定性的考验将是 5 月 4 日就条约举行的直接投票。

（三）原因状语从句的翻译

1.译为因果偏正句的主句

I Because he was convinced of the accuracy of this fact, he stuck to his opinion.

他深信这件事正确可靠，因此坚持己见。

2. 译为表原因的分句

The crops failed because the season was dry.

因为气候干旱，农作物歉收。

（四）让步状语从句的翻译

1. 译为表“无条件”的状语分句

No matter what misfortune befell him, he always squared his shoulder and said “Never mind. I'll work harder.”

不管他遭受到什么不幸的事儿，他总是把胸一挺，说：“没关系，我再加把劲儿。”

2. 译为表“让步”的状语分句

While this is true of some, it is not true of all.

虽有一部分是如此，但不见得全部是如此。

（五）目的状语从句的翻译

1. 译为表“目的”的前置状语分句

We should start early so that we might get there before noon.

为了在正午以前赶到那里，我们应该尽早动身。

2. 译为表“目的”的后置状语分句

He told us to keep quiet so that we might not disturb others.

他叫我们保持安静，以免打扰别人。

第三节　英语长难句翻译

一、英语长句的翻译

一般而言，我们主要使用下面所述的几种常见的方法对英语长句进行翻译。

（一）顺译法

很多时候，部分英语长句的内容主要依据事件或动作发生的时间顺序，抑或是其内在的逻辑关系进行排列，这种排列方式与汉语的表达方式基本相同。通常情况下，在翻译过程中，我们可以按照原句的顺序进行翻译。

（二）逆译法

在英语中，存在一些复合句，它们的表达顺序与汉语的表达习惯不同，甚至存在相反的情况，其中一些复合句的主句通常位于句首，也就是句子的中心会靠前。在汉语中，时间和逻辑的顺序通常被严格遵循，主要部分被置于句尾。因此，在翻译这些句子时，应采用逆序法，即将其从后向前翻译。

（三）分译法

在英汉两种语言的句子结构中，英语句子的重形合和汉语句子的重意合是一项根本性的差异。在英语句子中，各种成分的前后修饰语多种多样，主从句之间存在着连接词，短语可以套短语，从句也可以套从句，所以直接导致英语句子的长度和复杂性都是相当显著的。汉语的句子构造采用了意合的方式，避免或减少了连接成分的使用，而叙事则按照时间或逻辑顺序进行安排，从而导致语段结构变得散乱，语义层次更加清晰。在汉语中，散句、松句、紧缩句、省略句、流水句的数量相对较多，而长句则相对较少。所以说，在英汉翻译的过程当中，通常情况下应当严格遵循意合原则，对原文的句子结构进行改变，将其化整为零并加以简化，将其译为并列的散句或分离的单句，这样能够更加符合汉语的表达习惯。这种翻译方式不仅适用于单个单词、短语的翻译，也适用于简单句的翻译，同时还可用于长句或难句的翻译。

（四）综合法

通常情况下，英语语言的表达方式是将句子的关键部分或概括部分置于句子的首位，随后对其次要部分进行分析和叙述。汉语常常以时间或逻辑为序，层层递进，最终得出结论，凸显主题，呈现出由小到大的递进过程。由于两种不同的语言体系存在着很大差异，因此英汉互译时必须根据具体情况灵活采用各种翻译技巧和策略。因此，在进行英汉翻译的过程中，采用上面讲述的几种方法确实能够有效地解决众多问题。然而，在英语中，存在大量冗长的句子，单纯地采用顺译法、逆译法、分译法并不能真正解决实际问题。因此，在这种情况下，更多的是根据具体情境和上下文，将这几种翻译方法有机地结合起来，或者按照时间顺序、逻辑顺序和主次分明的原则，对长句进行全面梳理，这种翻译方式被称为综合法。综合法不仅能帮助我们准确把握句子结构关系，而且还有助于理解原文的深层含义和中心思想。运用综合法，可灵活调整长句语序，以确保译文的句法流畅自然，从而与汉语表达习惯更为契合，也能够与中国人的思维表达方式相协调。

二、汉语长句的翻译

汉语句子的特点是呈现话题—评述结构。也就是说，汉语句子由于其逻辑语言的特点和句子的表达以意尽为界，没有语法形式的限制，句子的评述没有结束，句子可以一直延续下去，其中的意思只用逗号分开，这样，句子就显得较长。而英语句子则不能这样，因为英语句子是主语—谓语结构。不管对主语的说明有没有完，一个句子有了主谓就可以断掉。因此，在翻译汉语长句时，应仔细分析汉语句子结构，弄清句中各层次间的逻辑关系，根据英语的表达习惯选择适当的翻译方法。

汉语长句一般采取顺译、断句和合句这几种翻译方法来处理。

（一）顺译法

当汉英叙述层次一致时，可按原文顺序翻译，在需要的地方加上适当的连接词语。

（二）断句法

翻译汉语长句时，断句是最常用的一种方法。由于汉语长句多为复句，包含层次较多，逻辑复杂，所以翻译时可根据复句或句子间的逻辑关系，适当将句子分成几句来译，这样可以使结构利落，译文意思表达得更加清晰、明白，符合英语的表达习惯。

（三）合句法

由于汉语缺少形态变化和足够的关系词，因而汉语组句只能依靠时间顺序和逻辑顺序来安排，行文也就一句一句地发展下去。而英语句子结构呈现叠床架屋结构，如果按汉语结构直译，翻译的结果将呈现出众多简单而独立的句子结构，彼此之间缺乏关联，这与英语句子的结构特点不相符。所以，在汉语的翻译中，不能看一句译一句，要对几个句子从意思上一起分析，根据英语句子结构灵活多样的优势，对于那些在逻辑上存在关联的句子，我们需要将它们整合成一个更为精练的英语句子进行翻译。在汉语句子比较复杂、很难直译或破句时，常常采用合句手段来处理。

第六章　跨文化视角下英汉语篇翻译实践

语篇是相对完整的话语表达。言语都是有意识、有目的的。所以，每个语篇都能反映交际的目的、说话者和听话者之间的关系，以及使用语言交流的方式。这些知识是我们在特定的社会文化环境里学到的，一旦成形就不易改变。本章对英汉语篇的特点、语筒翻译的衔接与连贯两个方面进行了全面的论述。

第一节　英汉语篇的特点

一、英汉语篇的共同点

不管是英语还是汉语，自然语言的篇章均存在以下几种相似之处。

（一）语义的连贯性

“完整语义”的语篇本身必须由一个符合语法、语义连贯的语义单位组成，其中必须包含一个论题结构或逻辑结构，以及句子之间的一定逻辑关系。一个连贯的语篇应当拥有独特的语篇特征，它的存在主要表达的就是整体意义，并且话段或句子的组合必须建立在这个结构基础上。在语篇中，各个成分应当相互衔接并保持连贯，形成一个有机的整体，而非相互独立的存在。

（二）衔接手段相同

在英汉两种语言中，衔接就是指某种将语句聚合在一起的语法和词汇手段，它是语篇表层的可见语言现象。从语篇的生成过程进行观察与研究之后能够得出如下结论，它是组句成篇必不可少的条件。另外，在英语与汉语当中，语义的连贯需要借助各种各样的衔接手段，也就是语篇组织。

（三）连贯和隐性连贯

将衔接与连贯划分为两种情况，分别是显性和隐性。值得注意的是，显性表现在语言的表层形式，如词汇、语法和结构等方面，而隐性则取决于语境和语用因素所蕴含的连贯性。衔接属于连贯本身的外在形式，而连贯则是在表现衔接的内在意义，二者相辅相成，既统一又不统一。简单来说，对于语篇来说，有衔接存在也可能并不是一个连贯的语篇，相比之下没有衔接的存在也可能属于连贯的语篇，这里的连贯就是隐性连贯。总的来说，语篇的本质在于其语义的连贯性，而其组织形式则体现在各种有形的衔接上。从本质上看，若是没有连贯的存在，那么就不能够被称作语篇，同时，若是在连贯存在的前提下，衔接也存在，那么就属于显性连贯；若是只有连贯的存在而不存在衔接，就属于隐性连贯。上述情况适用于汉语与英语，但是需要注意的一点是，并不是完全彼此对应的，简单来说，存在于英语中的显性连贯在翻译为汉语之后可能会转化为隐性连贯，反之也成立。

（四）文体的多样性

自然语言之所以呈现出多样性的特征，主要就是因为其文体、体裁、语体和风格存在差异，包括口头与书面、正式与非正式、不同语域和区域性的语体之间的差别，以及不同时代的文风差异，除此之外，还包含不同的文学体裁的划分。在英汉语言中，都存在着因人而异的不同风格文体多样性，而它们的分类也很相似。此外，各种分类在译语中也能够找到与之对应的形式。

二、英汉语篇的基本差异

英汉两种语篇的基本差异在于其内在的思维方式和外在的衔接与连贯，这两个方面相互交织、相互影响，但又各自独立。通常情况下，思维层面的差异是一个至关重要的决定因素。

在英语和汉语中，分别呈现为直线和螺旋式的特征，这种思维习惯实际上是中西方各自重视综合和重视分析的体现。其中，直线形就是指先向外传达出中心思想，之后基于此展开，最后由前面的语句自然引出英语长句。

英语的语言构思方式和语言组织方式呈现出形合的特征，而汉语则表现出意合的特征。形合和意合的区别在于它们所呈现的语篇连贯性的微妙差异，这种差异是隐含的。英语的形合是指在语言形式上将词语和句子与语篇整体结合，而汉语的意合则无需利用词汇和语法的衔接手段，只依靠词语和句子内涵意义的逻辑联系，或通过各种语境和语用因素，即可形成一个连贯的语篇。总的来说，在英汉互译的过程中，常常会出现不同的隐含和显性表达方式。

第二节　语篇翻译的衔接与连贯

一、衔接

（一）英汉语言语法的衔接

语篇的衔接和连贯可以通过构造句子的语法手段来实现，这些手段包括具有语法功能的词语、特定的语法形式，以及无特定词语的纯结构形式。

1．英汉语言语法衔接的差异

①英语的语法衔接呈现出明显的显性连贯，而汉语的语法衔接则更具有隐性连贯的特征。在英语中，显性连贯的实现依赖于形态变化和形式词，这些变化明显地揭示了词之间、词语之间、短语之间等语法关系的形态变化，其中还包含发挥着构词作用的构词形态，以及表示语法意义的构形形态。值得注意的是，在英语中存在众多且严谨的形态变化，相比之下，汉语当中并不存在严格意义上的形态变化。

②尽管英汉两种语言均采用语法手段进行语法衔接，但它们在具体的采用方式上存在差异。就比如在进行英译汉的时候，面对英语中存在的时体形式，汉语就需要选择替代方式。在英汉翻译中，由于英汉语篇的语法衔接手段存在差异，所以就必须进行适当的语法衔接手段转换。

2．英汉语篇语法衔接的转换

①从时体形式的角度来审视。作为衔接语篇的语法工具，英语的时体在文章中扮演着至关重要的角色。

②从替代关系上加以深入分析。代替性就是指以词语代替前文中的某些词语，

但并非指称性的一致关系，仅仅是具有相同或相似的语义。在英汉语中，名词替代、动词替代、分句替代都是常见的替代方式，它们之间常常存在着相互对应的关系。当存在并不对应从而难以对照翻译的情况时，需要借助其他衔接或连贯手段以确保信息的完整性和连贯性。

③从省略关系上分析。在英汉语篇衔接中，语法结构上的省略是一种较为常见的形式，不管是在英语还是在汉语当中，如果无法忠实地进行翻译，都会使用目的语的词语进行重复或替代的方式解决问题。词汇衔接可以使整个文章连贯流畅，增强语言表现力。然而，在一般的英汉语中，名词性的省略是普遍适用的。

（二）英汉语言词汇的衔接

在语篇中，词汇衔接指的是一系列词汇之间的语义联系，抑或是重复，也可能被其他词汇所替代。在英汉语篇中，词汇衔接是一种运用词语实现语篇衔接目的的手段，它不仅包括语义的重复再现和各种指称关系，而且几乎所有的词汇衔接手段都可以对应照译，特别是在语义重复方面，但也存在一些不一致之处，尤其是在指称照应方面，这种差异更为明显。

1. 语义重复

语义重复是一种以同义词、近义词、上义词、下义词、概括词等为基础构成的词汇链，其特点在于重复使用了不同的语义概念和表达方式，以实现更高层次的表达。其本身涵盖了直接重复完全相同的语义词汇、同现具有各种语义关系的词汇，以及存在因果、修饰等组合搭配关系的词汇的同现。

2. 指称照应

在语篇中，指称照应是一种重要的衔接手段，它涵盖了人、物、事、时间、地点等多个方面，既包括对外部现实世界的外指，也包括对语篇内存在的诸多语言要素的内指，同时还包括回指和下指。指称照应是为了确保语篇上下文的连贯性，从而形成一个有机统一、意义完整的语篇系统。在指称照应方面，英汉两种语言之间的差异主要体现在人称指称和指示指称这两种语篇现象上，并且，在英汉翻译中，人称指称和指示指称有着较强的实践和理论价值。

在某些语境下，人称照应的重要性不容忽视，特别是在英汉翻译中，若理解不准确，则可能导致翻译错误。

（三）英汉语言的逻辑衔接

在语篇中，逻辑衔接的差异是一种普遍存在的深层次衔接方式，它是确保语篇完整性的必要前提。逻辑衔接又分为显性衔接和隐性衔接。在比较英汉语时，我们可以发现，它们之间的基本逻辑关系，如时空、因果、转折和表示相类同的推演等，在英汉两种语言之间是相通的。但是需要明确的一点是，英汉两种语言的逻辑关系有时也会存在差异，就比如英语的时空关系和汉译时的因果关系等内容，而反之亦然。由于英汉衔接语的不同，以及逻辑关系存在显性或隐性方面的差异，所以译者需要选择恰当的逻辑衔接词或衔接语，或隐或显，以确保译文符合译语的表达习惯。

二、连贯

语篇中的语义联系是通过逻辑推理将词语、小句和句群合理、恰当地连接为一体的特征，这种联系存在于语篇的底层。一篇连贯的文章，以其内在的逻辑结构，将所有概念有机地连接在一起，从而实现了时空顺序清晰、逻辑层次分明的最终效果。

事实上，构建语篇的重要特征之一在于其与衔接的紧密联系，二者相辅相成，缺一不可。然而，这两个概念之间也存在一定的差异，衔接主要是通过词汇和语法手段实现的，而信息的有序排列则是实现连贯的关键。因此，为了确保语篇的连贯性，一般会选择两种办法，分别是“明显”与“隐含”，前者与语篇的衔接密切相关，主要指的是运用词汇手段，例如衔接词，以便更好地形成连贯的标志；后者则主要指的是信息在无标志的情况下被有序地排列，以确保其连贯性。

在翻译过程中，翻译者最终能够呈现给读者的是一个怎样的语篇，完全是由翻译者对原文语篇内容的理解、结构的认知，以及译语语篇的构建能力决定的。从语篇连贯性的角度来看，翻译者首先需要全面理解原文的逻辑层次和行文脉络，在充分理解原文语篇连贯结构的基础上，翻译者需要按照译文的连贯模式和规律重新构建原文语篇。

第七章　跨文化视角下英语文体翻译实践

文体的类型有很多，按其内容和社会功能可分为应用性文体（如信函、通知、启示、合同、协议、说明书、使用指南等）、科技文体（如科学报告，科学论文，专利文献，科普读物等），以及一些专门用途的文体（如商贸，法律，广告等）。不同的文体有着其独特的翻译技巧与方法，为此本章对科技文体翻译、新闻文体翻译、旅游文体翻译、广告文体翻译、文学文体翻译、法律文体翻译、公示语文体翻译、商务文体翻译几个方面进行了深入的分析。

第一节　科技文体翻译

随着科学技术的不断进步，科技文体（Scientific writing）已成为一种独立的文体形式，涵盖了科学专著、科学论文、科学报道、科技文献、科普读物等多个领域，覆盖了自然科学各个专业的主题。正因为科技文本的多样性和信息量的丰富性，科技翻译的终极目标在于精准传递信息并还原原文信息的功能。

科技文章作为一种独立的文体形式，具备其独特的特质和属性：

①无人称（Impersonal.）；

②语气正式（Formal in Mode Speech.）；

③陈述客观、准确（Objective and Accurate in Statement.）；

④语言规范（Standard in Language.）；

⑤逻辑性强（Strict in Logic.）；

⑥专业术语性强（Concentrated in Technical Terms.）。

由于其独特的语篇特征，英语科技文本已成为专用英语中学术英语的一个分支，即科技英语（English for Science and Technology），其地位不可撼动。在进行科技文本的英文翻译时，我们必须针对其独特之处，以确保原文的精准性和独特的文风。这样才能更好地传递出原文所要传达的信息，使译文更加符合译入语读者的阅读习惯和接受能力，从而达到预期的目的。在接下来的内容中，我们将探讨科技文本的独特之处，并分享一些翻译技巧。

一、人称与语态

科技文本所描绘的是科技活动的进程、成果或自然规律，所以说，这一类的文章对于人称句的运用相对较为罕见。汉语的文体习惯是以主动语态为主，这是一种常见的表达方式。英语更注重运用被动语态，以引导读者将注意力集中在作者所描述的客观事实、理论和过程上，从而凸显科技文体强调叙事和推理的特点。总而言之，在进行翻译的过程中，翻译者必须进行必要的语态转换，以确保翻译的准确性和可读性。

过去人们相信原子是元素中最小的粒子。

It was believed that an atom was the smallest particle of an element.

（汉语的主动转化成英语的被动）

利用发电机，可以将机械能转变成电能。

The mechanical energy can be turned into electrical one by a generator.

（汉语的主动转化成英语的被动）

二、专业术语强调其准确性

科技文体所涵盖的专业领域十分广泛，而科技英语则呈现出高度专业化术语性，其严谨性和单一性使得所反映的信息更为精准。在翻译的过程中，翻译者应当以恰当的方式挑选词汇，并尊重英语单词的搭配惯例。

污染 contaminated（一般指食物由于接触秽物而形成的污染）/polluted（一般指空气水和土壤等的污染）

土壤侵蚀 soil erosion

金属侵蚀 metal corrosion

图形：几何图形用 figure；各种工作原理图、结构图、实物图、曲线图、简图、草图用diagram；标绘图、曲线进度表用graph；机械图或者各种结构图中的各向视图用view；零部件的外形轮廓图用profile；图案、图形、图样、图谱、花纹等常用pattern；而各种工程图纸及有关附图、插图常用drawing；一般的草图、示意图常用scheme。

三、陈述客观与准确

科技文章所呈现的是客观事物的真实反映，作者的主观意识不能被掺杂其中，对于客观事物的描述必须以客观、准确的方式呈现。科技文章的独特之处在于其要求翻译者具备基本素养，这也是其不可或缺的要素。在科技翻译实践中，要做到准确无误地表达原文的意思就需要具备一定的语言能力和技巧，而语言表达的好坏与句子结构有着直接的关系。科技英语与日常英语相比，其虚拟语气相对较少，且几乎没有任何感叹句的出现。一般而言，在进行汉语到英语的翻译时，通常会使用陈述的语气。

指南针是利用磁铁在地球磁场中的南北指极性而制成的一种指向仪器，它和以差动齿轮结构的指南车不同。关于指南针的最初发明者和发明年代现在无可查考。但是有一点是清楚的：指南针是我国古代劳动人民在长期的生产实践中集体智慧的结晶。

A magnetic compass is an instrument showing direction based on phenomenon that a magnetic bar or needle swinging freely in the earth's magnetic field will direct itself to lie in a magnetic south-north position. It differs from the south-pointing chariot in that the latter has differential gearing. The inventor and the exact invention dates remain unknown, but it is clear that the primitive magnetic south-pointing instrument appeared very early in China as a result of the knowledge people gained over long years of labor.

四、时态无明显变化，通常采用一般现在时

在科技英语中，通常用来对普遍适用的真理进行表达并描述工作原理、实验效果、结论等内容。这意味着，内容在一定程度上是相对不变的或长久存在的。

因此，在科技英语中，通常使用一般现在时来进行内容的阐述，以便为读者营造一个准确无误的“无时间性”氛围，而在描述科学历史时，则依旧需要使用过去时态。在进行汉译英的过程中，必须特别留意时态的运用，就如同下面这个例子。

作用力和反作用力大小相等、方向相反。

Action and reaction are opposite and equal.

把一根吸管插入一杯饮用水中，通过吸管吸，水就会进入口中。

Put a straw in a glass of drinking water, suck through the straw the water goes up into your mouth.

五、提升语句的逻辑性

在科技英语中，叙事的逻辑性、层次感、论证手段被高度重视，所以说，衔接手段被广泛应用其中，使得科技文体出现了众多的长句、复合句的结构，并且值得注意的是，这些句子平衡匀称、疏密有致，句子虽长但并不显冗杂，句子间的衔接也较为紧密。与之相比，尽管汉语科技文体要求有着严谨的推理与缜密的逻辑，但由于很多汉语句式都表现出了流散性的特征，也就导致其出现了大量的零散句，从而容易引发形散神聚的最终表现效果。同时，在进行汉语到英语的翻译时，必须特别留意添加必要的衔接技巧，以确保句子保持连贯性。一般而言，能够使用的手段有对句中词语进行增减的手法，或是词类转换法、语序调整法等，部分情况举例如下。

有些机床很小，用手就可以搬动；另外一些则很大，重达100吨或100吨以上。

Some of the machine tools are so small that they can be moved by hand. Others are so big that they weigh 100 tons or more.

（增词法：添加so…that结构）

那位生物学家说，有些蝙蝠，借助于接受它们发出的尖叫声的回声，就能探测出障碍物的位置，并且避开这些障碍物。

The biologist says: certain bats by receiving the echoes to the squeaks they emit, can locate and steer clear of obstacles.

（减词法：宾语“障碍物”重复使用，译成英语时，可以省略一个。）

声学和通信工程人员研究的问题涉及声音的产生、传播和吸收等。

The acoustical and communications engineer is concerned with the generation transmission and absorption of sound.

(词类转换法:“涉及”一词由动词转化成形容词 concerned)

实际应用物理学成果的，并不全是称为物理学家的那些人。这是因为，应用物理学原理的大多数人被称为工程师。

Practical applications of physics are not all made by those labeled as physicists, for the majority of those who apply the principles of physics are called engineers.

(合句法)

第二节　新闻文体翻译

为了确保新闻报道的翻译质量，我们必须首先深入了解新闻报道所具有的独特性。新闻报道作为一种独特的文体，呈现出与其他文体截然不同的特质。新闻语言具有自己独特的风格和特点。这体现在文章的整体结构和组织方式两个方面，呈现出一种宏观而有序的特点。

新闻报道一般包含三部分，分别是标题、导语、正文。新闻报道的根本在于其标题，因此必须以引人注目的方式吸引读者或听众的注意力，并以简洁的文字呈现该新闻的核心内容。导语作为新闻报道的核心内容，是对报道主旨的概括和提炼，通常由一句话组成。汉英新闻正文的结构模式可归纳为三种主要类型，分别为金字塔叙述法、倒金字塔叙述法、顺时叙述法。这几种叙述方法各有其优势和局限性。金字塔叙述法，指将事件按照其重要性从低到高进行排列，并将最为重要的信息放置于新闻的末尾，以此制造悬念，从而激发读者的好奇心；倒金字塔叙述法是三种方法中使用频率最高的一种，它在新闻的开篇，巧妙地总结了最为重要的信息，不仅能够激发读者的兴趣，同时也能够在最短的时间内帮助其深入了解新闻的核心内容；针对复杂事件的报道，可以采用顺时叙述法，对已经存在的新闻事实进行时间顺序的排列。

一、汉英新闻文体篇章对比

从宏观结构的角度进行研究，我们能够明显发现，很多汉英的新闻当中，新闻内容总是存在一些相同的地方，所以我们在进行翻译的过程当中，需要遵循一般的翻译规则，以确保新闻报道的准确性和一致性为前提进行翻译。然而，汉英新闻报道的微观结构存在差异，因此在翻译时需要进行适当的调整。在汉语新闻报道中，为了确保消息来源的准确性，通常会在导语开头提供信息。同时，要注意将新闻中出现的词汇与句子等方面的关系合理地处理好。因此，在进行此类汉语导语的翻译时，必须对译文的排列顺序进行适当调整，以符合英语的表达惯例。

[合众国际社华盛顿 7 月 8 日电] 据《新闻周刊》报道，日本估计今年其广告收入为 500 亿美元，为了分享这一笔巨额收入，美国有线电视网希望在其新闻节目中更加突出亚洲特色。

WASHINGTON，JULY 8(UPI) —CNN hopes to feature Asia more prominently in its news programs in order to share in Japan's estimated $50 billion in advertising revenue this year，according to *NEWSWEEK*.

[路透社北京 8 月 19 日电] 此间新闻界认为，总统此次来访为两国关系揭开了新的一页。

BEUJING. AUG. 19(Reuter)—The president's visit has turned a new page in relations between the two countries，mass media here say.

汉英新闻文体在文体色彩方面呈现出明显的差异。西方媒体视读者为上帝，对于新闻所带来的社会效应格外关注，其自身有着极强的商业性，对于撰写新闻的人来说，最根本的目的就是深刻吸引读者的注意。汉语新闻是一种大众传播媒介，它与受众有着更为直接、广泛而密切的联系。因此，在英语新闻中，常常出现许多别出心裁的措辞，报道的语气也相当亲切随和。相对来说，汉语新闻的商业化程度相对较低，作者在撰写相关稿件的时候很少会考虑到稿件的商业价值与轰动效应，更为关注以实事求是的态度向读者讲述事实和阐述观点。因此，汉语新闻的措辞通常呈现出一种客观、冷静、真实的态度。除此之外，需要注意的是，对于英语领域的新闻写作来说，始终坚持的原则为“The simpler，the better.”所以，很多英语新闻中的文字足够简洁明了、明确深刻。但是，相比之下，由于中国的思维方式和审美习惯的影响，汉语新闻中存在大量的冗余信息，因此译者需要根据实际情况进行灵活的处理，对其进行简化、修改、删除，以确保信息的完整性、准确性、简洁性。

在进行新闻翻译时，必须综合考虑读者／听众的价值观、知识结构与文化背景等多方面因素，以读者／听众为核心，采用解释性翻译方法。特别是在进行汉译英时，对于那些具有鲜明中国特色且很多外国读者难以理解的历史事件、人物、地名的翻译，以及中国独特的体制、方针和政策等方面的翻译，我们应该采用这种翻译方法。如“秦始皇”译为“Qin Shihuang，the first emperor who united China in the year 200 B.C.”；“辛亥革命”译为“1911 Revolution which overthrew the last feudalistic dynasty in China”；“全国人民代表大会”译为“The National People’s Congress.China’s parliament.”；等等。

二、新闻标题的翻译

新闻标题在文章中扮演着点睛之笔的角色，然而，正是因为汉语与英语在字形、语法、修辞等方面存在差异，所以它们的新闻标题的拟定也存在着显著的区别。

（一）概括程度不同

新闻标题在概括或浓缩消息要点方面发挥着重要的作用。汉语新闻标题在概括新闻要点方面，倾向于以尽可能详尽完整的方式呈现，以给读者一个全面的印象。由于英汉两种语言不同的表达方式，使得汉英新闻标题所表达的内容不尽相同，因此，要使译文能被目的语受众接受并理解，就必须考虑到这种差异。相对于其他新闻标题而言，英文新闻标题更为简洁，常以精练的措辞概括新闻中最为重要的信息，以点对面，吸引读者的注意力。在翻译标题时，译者不仅需要确保新闻主要信息的精准传递，还需要对原文标题进行必要的调整，以确保信息的完整性和准确性。

（二）措辞手法各异

不管是对汉语还是英语的新闻标题来说，动词都十分重要，但是对于英语的新闻标题来说，因为版面的限制，通常会选择使用较为简短的动词，也就是我们常说的“小词”，就比如用“ban”代替“interdict”“restrain”，用“back”代替

"support"等；相比之下，汉字的大小并没有区别，所以在新闻标题的拟定上并不会受到上述情况的限制。除此之外，在英文标题中，动词作为开头的情况并不常见，然而在中文标题中，以动词作为开头的情况却司空见惯。我们可以通过对下列新闻标题进行对比来更为清晰地了解。

挽留北京旧城墙

（《北京青年报》1996 年 11 月 24 日）

Beijing to fix ancient city wall

(*BEIJZNG YOUTH DAILY*, Nov.1.1996)

国务院重申严禁非法金融活动维护经济秩序稳定

（《光明日报》1996 年 11 月 25 日）

State eliminates illegal banking

(*GUANG MING DAILY*. Nov.25.1996)

在新闻英语中，十分重视报道的客观性，因此在标题中使用形容词或副词等修饰语的情况并不常见，然而在中文新闻报道中，这两类词汇出现得较为频繁。

（三）时间表述有别

在时间关系的表述上面，英语与汉语的新闻并不相同，其中英语的新闻标题在对过去已经发生的事情进行表述的时候，会采用一般现在时，对于部分将会在未来发生的事情，会采用动词不定式；相比之下，汉语的新闻标题多使用"昨天""明天""将"等明确表现时间关系。

施罗得将出访美国。

Shroeder to visit US forging ties with the new Bush Administration (DPA).

向非典型肺炎开战。

China Spares No Effort to Combat SARS.

值得注意的是，因为汉语的新闻标题与英语的新闻标题存在很大程度上的差别，所以我们在对其进行翻译的时候需要明确以下几点。

第一点，捕捉新闻的核心，以点对面。

第二点，重点关注选用的词汇，应为小词。

第三点，在使用被动语态时，应当特别留意系动词的省略，通常情况下应当对现在时多加使用。

第四点，剔除那些多余的修饰语。

三、新闻正文的翻译

（一）编译

在新闻的报道当中，若是涉及翻译的内容，更多的是选择使用非逐字对译法，以确保信息的准确性和可读性。对于人们来说，新闻报道吸引人的地方在于其本身有着独特的新闻价值。新闻事实的客观衡量标准，即所谓的新闻价值。如何根据不同国家和地区的实际情况来确定新闻报道中所体现的新闻价值呢？“读者兴趣”是新闻价值中的一个特殊元素。在选择新闻内容时，需要综合考虑本国国情和外国受众的需求和兴趣，以确保信息的准确性和针对性。因此，有时在国内报道中占据相当篇幅的新闻，而在对外报道中则被编辑成简讯、图片新闻等形式。

（二）解释性翻译

新闻应当以清晰、明确、易懂为原则。这种新闻价值主要体现在其客观性和真实性上。就像英语新闻一样，汉语新闻报道具有强烈的创新意识，对于行话套话、历史典故等方面呈现出多样性和变幻无常的特点。为了将其翻译成易于理解的形式，并向国外大众进行介绍，通常需要采用解释性或注释性的翻译方法。通过进行解释性翻译，新闻报道的客观性和清晰度得到了显著提升，从而进一步强化传播效果。

在汉语新闻报道的翻译过程中，常常采用解释性方法，以解释与历史事件、地理名称、节日习俗等相关的信息。就比如“北京”“上海”分别译作“the capital city of Beijing”和“the largest industrial city of Shanghai”，“山东”译作“Shandong in East China”，由此就能够有效帮助国外读者更全面地了解相关信息。

第三节　旅游文体翻译

有关旅游的文体主要是对与景点相关的宣传、广告，以及相关历史文化的简介，其目的是向海外普通游客推广中国文化，吸引他们来到中国旅游，促进中国旅游业的走向，同时推动我国与其他国家之间的文化交流。文化是最具吸引力的旅游产品之一，是旅游业发展进步的动力源泉，但在国际推广过程中，往往因为翻译的问题使得我们在介绍旅游景点时，国外游客不能理解，不知道我们在说什么。

比方说在英语中，没有与“阴阳”“太极”“粽子”等与之概念完全相同的词汇，这是由于文化差异所造成的，与之相对的还有对颜色象征意义的解读。因此，我们在翻译的过程中不能只关注我们的语言习惯及文化内涵，还要考虑一下其他国家的文化内涵。在翻译过程中可以适当的对原文进行增补删改，只要保证大概意思相同即可。

一、音译与意译

在对城市、乡村及其他的一些地名进行翻译的时候，我们可以采用完全音译的方法，城市名称不光只是一个简单的地理意义上的称谓，这个名字同时还代表了这座城市的文化及底蕴，因此，这样完全音译的方法能保留城市的形象和文化底蕴，同时也可以让外国旅客更好地感受到旅游景点所承载的历史和文化。在故宫仍然有许多景点名称以意译的方式呈现，这样只会让外国游客感觉到这个名称就只是一个符号，无法感受到故宫几百年的历史积淀。

很多景点名称的翻译采用了一种音译和意译相结合的方法，既用拼音处理景点名称，也用意译的方式解释其含义。当然在翻译景点名称的过程中，我们应该要具体情况具体分析，对人物名称、城市地名等专有名词采用音译的方法，对一般名词使用意译的方式。举例来说，像茅盾的故居这类带有人名的景点，在翻译过程中就应该将“茅盾”进行音译，将“故居”进行意译，因此可以翻译为“Mao Dun’s Former Residence”。许多山川、湖泊的名字也常用这种翻译方式，如普陀山，将“普陀”进行音译，“山”进行意译，最终翻译为“Putuo Mountain”。

但是如果景点名称是单名的，那么我们在翻译过程中需要遵循汉语的韵律，应该将它的名字全部音译过来，比方说太湖，我们应该翻译为“Taihu Lake”。

二、增添

在翻译的过程中，我们应该考虑到外国游客对中华文化不了解的情况，翻译时可以适当的补充相关一些背景信息，从而帮助他们更好地理解。例如在介绍名胜古迹的时候，可以对此地涉及的名人进行简要的生平简介，对此地发生过的事件进行一个背景介绍，以及那些名人所作出的功绩，同时也可以对景点的具体位置进行介绍。除了要让外国游客感受到自然景观本身的美丽之外，还要让他们体会到这里蕴含的深厚的文化内涵，如果没有更多的上下文背景补充，那些来自外国的游客可能就无法理解。

举个例子，翻译“林边有一个洞，叫白龙洞。传说《白蛇传》的白娘子曾经在这里修炼。”这句话，如果直接根据原句进行翻译的话，那么很多外国友人会一头雾水的，肯定会问白娘子是谁？《白蛇传》是什么？她为什么选择在这里进行修行？因此翻译的时候要适当增添一些背景知识，将其翻译为：

Near the forest is the White Dragon Cave which is said to be the very place where Lady white, the legendary heroine of the *Story of the White Snake*, cultivated herself according to Buddhist doctrine.

三、解释

解释主要指的是在翻译的时候对某些字词进行适当的解释，这种适当的解释一方面可以帮助外国游客最快地将汉语词义和发音对应上；另一方面，适当的解释也可以让他们了解这些名称的起源，进而增加游客对旅游的期待。举个例子，我们在翻译“武夷山脉，横亘千里，宛如一条绿色的长龙蜿蜒逶迤于闽、浙、赣、粤四省。”这句话的时候，如果我们遵照原句，直接翻译出省份的简称，那么会让很多外国游客一头雾水、不知所云，因此在翻译过程中，应当解释其具体的省份名称，将其翻译为：

The Wuyi Mountain stretches for thousands of miles like a green dragon all the way across the provinces of Fujian, Zhejiang, Jiangxi and Guangdong.

在汉语言习惯之中，除了省份会有简称之外，还有很多事物我们也是常用简称来形容，比方说“票友”这个词，直接翻译的话可能很多外国人就无法理解，因此我们在翻译时，可以用“fans”这个词语适当地延伸解释一下。

四、借用

在翻译过程中，我们可能会遇到无法找到对应英文词汇的情况，这个时候就可以采用借用手法，即利用国外的、外国人熟悉的、与之相似的词汇、典故、成语等来翻译，以达到相同的效果。例如，在对人物、事件进行翻译的过程中，就可以用不同的类比来描述，可以将济公类比为义侠罗宾汉，将梁山伯和祝英台的爱情故事比作莎士比亚的经典爱情悲剧罗密欧与朱丽叶等。

举个例子，翻译“女娲想给世间增加生趣，使之更美。于是她用黄土捏泥人，照着她自己的样子做人。”这句话，直接说女娲可能国外读者会不清楚、不了解，我们在翻译过程中，可以将女娲指作是全能女神“The Almighty Goddess”，这样可以很迅速地让国外读者对女娲有个初步了解，因此，我们可以将那句话翻译为：

The Almighty Goddess Nuwa wanted to add life and beauty to the world. She set about making man with clay.

五、删减

首先，我们必须要明确哪些冗余内容对于译文的解释并没有显著的贡献，这部分是我们需要进行删减的。其次，翻译过程中也应该尽量保持原文的风格特点。在撰写文章时，我们的汉语习惯常常会在描绘景点之后，借助诗词名篇来强调自己对所描绘之物的情感体验。而对于翻译人员而言，将诗词的“音美、形美、意美”传达给国外的读者和游客，让他们感受到中华诗词之美，一直是一项极具挑战性的任务。在翻译这些诗词时，可以选择将原诗的解释译文翻译成英文，但这样可能会使翻译变得烦琐冗长，甚至扭曲了其本来的意义，因此，我们可以考虑放弃翻译。

比方说翻译“绍兴是历史名城，岁月悠悠，复疆载土，尽管城郭更新，日新月异，而风景依旧，不减古色古香。”我们可以适当地进行删除，直接翻译为：

Shaoxing is a famous historical and cultural city.

第四节 广告文体翻译

广告是当下最为热门的行业之一，其目的就是推广和宣传，让消费者可以更好地了解产品，并通过一系列洗脑的广告语来刺激消费者的消费欲望。当前经济全球化依旧是时代的主旋律，很多国内的企业都已经走出了国门，开始抢占西方的市场，因此，有关广告的英文宣传就显得尤为重要。倘若直接依照原文进行翻译的话，很难起到像国内宣传那么棒的效果，针这种情况，就需要我们采取灵活的翻译方式，适当地变通，用西方人可以接受的语言习惯进行翻译，帮助他们对产品有更清晰的了解。

一、商标的英译

商标是商品的象征，它直接塑造了消费者对产品品质的评判，乃至最终影响了他们的购买决策。商标的构成在语言层面上呈现出高度简洁的特点，通常由一个单词或短语组成，在翻译过程中也应该尽量保持这种的风格特点，不能受到过多的原文影响。因此，商标翻译既要遵循一般翻译理论，又应根据具体的文化语境进行选择与再创造，同时在商标汉英互译时必须考虑文化因素的作用，以达到既保留原文信息又符合译文读者阅读习惯的目的。只有在充分考虑到不同文化背景和审美习惯的差异的前提下，才能使英译商标在译语受众中激发美好的想象和购买欲望。因此，在进行商标汉英互译时，译者要注意选择恰当的翻译策略。商标的翻译可以采用多种方法，包括直译、音译、音意结合和转译等技巧。

直译法是一种常见的商标翻译方法，它通过直接将原商标的含义翻译出来，以达到翻译效果。商标中含有许多与商品有关的意思，如产品性能、用途、质量等，因此直译法也就成为商标翻译常用方法之一。鉴于汉语和英语在表达这些意象的词汇上呈现出相似或相近的含义，直接翻译无疑是翻译此类商标的最佳选择。

在商标翻译中，音译法是一种简便可行、易于操作的方法，它能够直接将商标的发音翻译出来，同时实现译名和原名发音的统一，便于推广，因此被广泛采用。有些翻译家根据英语的发音惯例和发音规则，对译名的汉语拼音进行了直译的基础上的微调，以使其更符合国外读者的阅读习惯。

对于商标翻译而言，音意结合法是一种最为优越的方式。这样翻译既能保留原商标的基本发音，又能克服直译法缺乏具体意义的弱点，可以达到形意兼备的效果。

转译法指的是在翻译的过程中，将原本商标的含义和发音都进行适当地取舍，并增添补充一部分内容，重新设计出是一个在其他文化中具有卓越传播效果的商标。

二、广告口号的英译

要想成功地进行英语书面广告文案写作，就必须重视广告口号的翻译工作。广告口号应当具备易于理解、易于记忆的特点，同时也应当追求创新独特，具备高度的审美价值。广告口号的翻译手段包括直译法、转译法和仿译法，这些方法都是常见的，可以帮助读者更好地理解广告内容。

一切皆有可能。

Anything is possible.（直译法）

给我一个机会，还您一个惊喜。

Grant Us An Honor and China Will Reward the World with More Splendor.（直译法）

国酒茅台，相伴辉煌。

Good and Vigorous Spirit.（转译法）

鹤舞白沙，我心飞翔。

Fly higher.（转译法）

一册在手，纵览全球。

The *Globe* brings you the world in a single copy.（仿译法）

三、广告正文的英译

为了更好地吸引消费者并引导他们作出购买决策，广告在其正文部分需要详细介绍产品的性能和特点，以便让消费者更深入地了解产品的特点。同时翻译过后的英文广告还必须做到言简意赅、通俗易懂，要力求简洁明快，使其能够迅速被读者所接受并产生强烈的共鸣。同时要注意广告语篇所表达的思想内容，不能过于夸张，以免误导读者。在广告翻译中，精简的表达是至关重要的，因为它可以消除不必要的信息，甚至可以选择不进行翻译。例如：

酱香突出，幽雅细腻，酒体醇厚，回味悠长，空杯留香持久，历届国家名酒评比之冠，尊为国酒。

（酒广告）

Carefully Brewed.

Pure and Mellow.

with a Long-Lasting Aroma.

本品采用100%天然棉层精梳制成，品质柔软贴切，适合化装使用。经特殊化学高温杀菌，脱脂处理，品质清洁，卫生可靠。棉质柔软细致，能彻底清除油垢残妆，让你的肌肤更具健康活力。最适用于上妆、卸妆；拭除面霜、唇膏、指甲油；清洁贵重物品。

100% COTTON.

GENTLE AND SOFT enough for a baby's skin.

A NATURAL WAY to remove makeup and cleanser, nail polish, lotion, cream, etc.

PERFECT for any use where a soft absorbent applicator is needed.

在将广告语翻译成英文的时候，必须要考虑到西方读者的语言习惯，要以他们的语言习惯为标准，这样才能取得最佳的翻译效果。

第五节　文学文体翻译

一、文学文体的特征

文学文体的呈现方式涵盖了小说、散文、诗歌等多种语言风格，这些形式各具特色。在进行文学作品的翻译时，我们必须对文学语言所具备的若干特质有深入的了解。文学语言具有塑造形象、反映社会生活、表达作者思想感情的多重功能，它不仅能够通过对形象的刻画展现客观世界，同时也是表达作者思想的重要工具。

文学语言常常蕴含着深邃的含义和信息，这些信息或许并非直接呈现，而是潜藏于文字的微妙之处。因此，对作品中蕴含的意义进行深入理解是很有必要的。深入探究一部作品的独特内涵，需要对作品所处的独特语境进行深入剖析。文学语言之所以独具特色，是因为它运用了形象思维的方式，以此来传达所要传达的信息，通过生动的场景描绘，传递深刻的印象，强调“呈现”而非过度的“叙述”，因此，可以以有限的语言表达丰富的内涵。

二、文学文体的翻译

在文学文体翻译方面，汉语与英语呈现出明显的差异，汉语更倾向于运用简短的句子和短语，较少使用关联词语，而更加注重意义的综合表达。因此，翻译者必须具备丰富的想象力，在翻译过程中确保原文意思的完整性。在词汇选择方面，如果是对故事进行叙述，那么动词所扮演的角色就会至关重要，而在描绘情境时，则需特别关注形容词的运用。

（一）概述

在将英文翻译为中文时，我们会发现文章会从基于语法结构的翻译向基于语义结构的翻译的转变。这种变化不仅体现在句法层面上，更多地反映在语句的层次上。这一趋势通常呈现在两个方面：①在翻译过程中会将英语句子分解成两个或三个相互独立的句子再单独翻译；②将英语的从属成分转化为汉语的小句，从而形成一个连贯的语义结构。

It seemed inconceivable that the pilot could have survived the crash.

飞行员在飞机坠毁之后，竟然还能活着，这看来是不可思议的。

（从句变小句）

A man of less courage would not have dared to work inside enemy headquarters.

如果换一个勇气不足的人，也不敢在敌人总部里工作。

（名词短语变小句）

They were perilously close to the edge of the precipice.

他们离悬崖边很近，情况十分危险。

（副词变小句）

When they had been married a year, they had a fine son with dark curls and a golden skin.

夫妻俩结婚一载，生下一个漂亮的儿子。他一头乌黑卷曲的美发，皮肤金光透亮。

（介词短语变小句）

I spent the next hour chasing squawking chickens all over the yard.

我赶了一个小时的鸡，那些鸡满院子乱飞乱叫。

（分词短语变小句）

（二）时间序列

当需要翻译的英文句子中含有关于事件、动作等具体内容时，在将其翻译成汉语时可以按照时间的顺序，将其翻译成一个又一个小句子，使得翻译的语句条理清晰，逻辑清楚。

One of the gunman s first victims was an elderly man who was struck by the truck and shot in the head as he attempted to get up.

在最先受害的人中有一位老人。他被卡车撞倒在地，正要站起来，歹徒朝他头部开了枪。

James Brindley started his self-made career in 1733 by working at mill wheels, at the age of 17, having been born poor in village.

詹姆斯·布林德雷出身于一个贫苦的农村家庭。1773 年他才 17 岁，就着手改良磨坊的车轮，从而开始了他那自我奋斗的生涯。

（先“出生”后“做事”）

（三）叙事和描写的分立

Lulled by the gentle motion and soothed by the rippling music of the waves the babies soon fell asleep.

船儿轻轻摇荡，波声潺潺悦耳，孩子们不久就睡着了。

There wits a troubled frown on his weather—beaten face, which had been disfigured by scars from a highway accident in which Rosalie's parents had been killed.

他心事重重，双眉紧锁，饱经风霜的脸上疤痕累累，显得很难看。这伤疤是一次车祸留下的，罗莎丽小姐的双亲就死于那次事故。

（四）形象化语言及形象思维

有时直接翻译英语的形象化语言会违背汉语的表达习惯，因此需要转换表达方式，甚至需要放弃一些形象化的表达。

I should rather say not! In that connection hope is as dead as a door—nail.

我看没有希望！在这方面，希望已如石沉大海。

You are always shoving it down my throat that you re the one with the job. but it's not so wonderful. working far harder than you.

你总是强迫我相信你工作干得顶出色，其实却没什么了不起。我干活比你勤快得多。

（五）形容词的翻译

在将英语翻译成汉语时，必须考虑到汉语的习惯，如果需要翻译的句子使用了多个形容词作为定语或表语，为了确保翻译的准确性和流畅性。有以下几种可供考虑的方案：

To have parents, as you have... kind, rich, affectionate parents, who give you everything you ask for...

像你这样父母双全才好呢！他们又慈爱、又有钱、又疼你。你要什么就有什么……

（加连词）

That altered frightened, fat face, told his secret enough.

他的胖脸蛋吓得走了样子，一看就知道他在想什么了。

（分开）

I looked up from the exercise books of my young pupils, which I was just correcting, into the lined kind face of a little lay sister.

我放下正在批改的那些小学生作业本，抬头一看，原来是个打杂的修女，她个子矮小满脸皱纹、和蔼可亲。

Dawn met him well along the way. It was a pleasant uneventful ride.

在东方欲晓的时候，他早已走了一大段路了。这次骑马旅行是愉快的，没有碰到意外事件。

第六节　法律文体翻译

法律文件中所使用的单词必须要用词规范，还要严谨准确，需要使用专门的法律术语。所以在对法律问题进行翻译时，我们既要了解原文语言特点，还要对原文有深刻地了解。

一、法律文件的特点

根据施觉怀在《翻译法律文献的几个特点》一文中的论述，翻译法律文件需要进行严谨的加工处理，以确保其准确性和可读性。由于这些语言上的特殊性，使得法律英语翻译工作比其他文体要困难得多。即便稍有调整，也可能引发严重的不良后果。因此，在法律文本的翻译过程中，译者必须慎重选择合适的语言风格和表达方式。对于涉及国家利益或者重大社会公共利益的法律文书的译文，应力求做到忠实于原文。法律文书的类型多种多样，包括但不限于正式法令、公约、合同及学术著作，它们的要求也各不相同。无论是何种文书类型，都必须注重其严谨性，如若遇到严谨性与流畅性之间产生了矛盾，可以选择在牺牲流畅性的前提下进行。为了确保法律文件（如条约、法令、合同等）的严密性，建议仅提供一种翻译版本。

施觉怀认为翻译法律文件的过程中，必须遵守以下三点内容，分别是：

①条理清晰：翻译过程首先要确保的就是条理清晰，这是由于法律文件往往冗长繁杂，因此翻译也必须在遵照原文的基础上做到条理清晰，否则会让读者无法理解。

②文字明：这是由于法律文书的表达方式比较特殊，比较晦涩难懂，经常会跟我们平时说话的口语表达方式有很大的出入，因此在翻译过程中，要尽可能地表达清晰，便于读者理解。

③意思全：法律条文会使用很多限定词，以此来明确具体的法律适用范围。因此，有时需要的是意思完全而不是字字齐全。

总之，法律文件翻译应做到：第一，语言正式、精练；第二，内容缜密、周到。

二、法律词的理解与翻译

法律文件中有专门的术语，例如“legislature”，意思为“立法机关”。有些词语，也许我们很熟悉，但在法律文件中有其特殊的含义。例如“act”，不是“行动”，而是“法案”；“bill”不是“账单”而是“议案”；“instrument”不是“工具”而是“文件”；“be party to”和朋友聚会无关，而是表“参加”。遇到这些词，我们就不停留在原来理解的含义上，而要弄清这类词语在法律文章中的含义。除了法律术语，还有一些普通词语或习语出现在法律文章之中，如不能正确理解，同样会造成误译。例如，“a host of”既与“主人”无关，也与“寄住”无关，这个习语只表示“许多”“一系列的”。还有诸如“hereinafter、hereof、thereof、whereas、whereby ”等词汇，在翻译时只有弄清这些词汇的深层含义，译文才能准确。

例如：

In the late 1960s both state and federal governments began enacting legislation and establishing new agencies to set and enforce standards of clean air and water...

20 世纪 60 年代末，各州政府和联邦政府都曾开始立法并建立新的立法机构，来制定并执行空气和水洁净的标准。

This Convention which shall bear the date of 24 July 1971 shall be deposited with the Director-General and shall remain open for signature by all States party to the 1952 convention for a period of 120 days after the date of this Convention.

此份落款日期为 1971 年 7 月 24 日的公约将由委员会主席保管，参加 1952

年公约的所有缔约国应在此公约落款日期起的120天内完成签署此公约的工作。公约失效须经各缔约国的批准或接受。

Today concern for the environment extends into such areas as chemical pollution of the air we breathe and the water we drink, strip mining, dam and road building and a host of other issues.

今天，环境问题已扩大到下列领域：人们呼吸的空气和饮用水的化学污染、露天采矿堤坝和道路修建和一系列其他问题。

Have resolved to revise the "Universal Copyright Convention" as signed at Geneva on 6 September 1952 hereinafter called the 1952 Convention and consequently.

故决定修订1952年9月6日于日内瓦签订的《世界版权公约》(以下称《1952年公约》)并达成如下协议。

三、法律文体句子结构的理解与翻译

在法律文体中，常使用复杂的结构来表达句子，其中包含多个嵌套的从句和插入语等修饰语，这些修饰语使得整个句子变得异常烦琐。由于法律文体的特殊性，使得法律英语翻译工作比其他文体要困难得多。为了保持该句子的语义不变，我们可以采用一种翻译策略，即通过切割的方式进行翻译。这种方法能够使译文更加简洁和准确。在进行翻译之前，务必仔细研读原文，并耐心分析长句中各个部分之间的相互关系。为了确保翻译结果的结构清晰、语意连贯，我们需要对其进行意群划分和逻辑关系分析。通过这种方式可以对该句式进行合理的处理，从而提高译文的质量和效果。

例如：

Each Contracting State undertakes to adopt in accordance with its Constitution such measures as are necessary to ensure the application of this Convention.

各缔约国应依据其宪法采取有效措施保证此公约的实施。

第七节　公示语文体翻译

一、什么是公示语

公示语指的是悬挂在公共场所，用以向公众进行宣传的标语，它的类型有很多，包括路牌、公告、警示、标识等，在英语里没有一个与之相对应的统称。为了方便起见，我们不妨把“公示语”翻译成“Environmental communication notices and signs”。

在英语里有许多分类的公示语名称，旅游场所内也经常悬挂有各式公示语，用于引导游客更好的游玩，同时还有宣传、警示等功能效果。

二、公示语的分类

就内容而言，公示语可分为四类：

①提示性（information）；

②指示性（instructions）；

③告示性（notices）；

④警告性（warnings）。

（一）informational notices 提示性的

OUT OF ORDER（有故障）

NO VACANCIES（客满）

SOLD OUT（售完）

CYCLES FOR HIRE OR SALES（自行车／摩托车租售处）

CLEARANCE SALES STARTS TODAY（清仓大甩卖）

NOTHING TO DECLARE（零报关／零申报）

（二）instructive /directive /guiding notices 指示性的

PLEASE QUEUE OTHER SIDE（请在那边排队）

KEEP RIGH（右侧行驶）

DOGS MUST BE CARRIED（狗须领养）

THESE SEATS ARE APPRECIATED BY THE OLD AND INFIRM（年老者体弱者座位）

（三）regulatory notices 告示性的

NO SMOKING NO PARKING NOEXIT（禁止吸烟）

PLEASE DO NOT DISTURB（请勿打扰）

PLEASE DO NOT FEED THE ANIMALS（请勿在此喂养动物）

DO NOT LEAN OUT OF THE WINDOW（请勿探出窗外）

KEEP OFF THE GRASS（勿踏草坪）

EXAMINATIONS IN PROGRESS（正在考试）

ADMISSION TO TICKET HOLDERS ONLY（凭票入场）

SHOPLIFTERS WILL BE PROSECUTED（偷窃将受到起诉）

（四）warning notices 警告性

MIND YOUR HEAD（注意碰头）

MIND THE STEP（注意路滑）

FRAGILE（易碎品）

BEWARE OF PICKPOCKETS（严防小偷）

DANGER（危险）

三、英语公示语的特点

语言简洁明了，正式规范。可用下面五个由字母 C 开头的单词来概括：

concise，conventional，consistent，conspicuous，convenient

简洁、规范、统一、醒目、方便

英语公示语的语体比较正式，如：

Offenders selling tobacco to minors will be fined.

不准向未成年人销售香烟，违者罚款。

We are authorized to demand proof of buyer's age.

本店有权要求购烟者提供年龄证明。

下面这些例句显示了公示语和日常口语的对照。

NO THROUGH ROAD FOR MOTOR VEHECLES（车辆不通）

There is no way out at the other end of this road for cars.

CYCLISTS DISMOUNT HERE（骑自行车者在此下车）

Cyclists should get off their bicycles here.

四、公示语的翻译

最常用的翻译方法有以下三种。

adaph：参照英语中类似的表达方式进行适当的更改。

borrow：借用英语中对应的表达方法。

create：在前两种情况都不存在的情况下，按照英语的习惯和思路进行创译。

可以归纳为 A–B–C 模式，即“模仿—借用—创新”模式。

一条原则：充分考虑英语的表达习惯。

（一）“请勿吸烟”和“严禁吸烟”

在公共场所经常会看到“请勿吸烟”和“严禁吸烟”的标识，因此有关此类标识语的翻译可直接参考下文。

一般来说可以直接翻译为“NO SMOKING”。

如要特别强调“严禁吸烟”还可这样说：

ABSOLUTELY NO SMOKING.

危险：禁止吸烟和明火。

如果要想语气婉转些，也可以这样表达：

Thank you for not smoking.

Notice：This is a smoke–free/ non–smoking facility building.

此处为无烟区。

For hygiene’s sake please refrain yourself from smoking in this room.

为了您和他人的健康，请勿在此吸烟。

以上均属于照搬借用（borrow）的翻译方法。

（二）商业零售设施

也可以用 borrow 的翻译方法，如：

automatic vending 自动售货机

convenience store 便利店

franchising 特许经营

hypermarket 巨型超市

in-home retailing 上门销售

mail order retailing 邮购服务

non-store retailing 无店面销售

retail park 零售园

零售商业的形式还有：

bazaar 市场（源自中东地区）；慈善义卖点

boutique 服饰专卖店

chain store 连锁店

emporium 百货商场，商业大厦

（三）保护绿地的警示语

保护绿草，留住绿意。小草有生命，脚下请留情。

小草微微笑，请您走便道。护一片绿叶，献一份爱心。

Preserve green grass and retain the green color.

Little grass has life, please watch your step.

Little grass is smiling slightly. Please walk on the pavement.

Protect a piece of green leaf and dedicate a share of love.

上述译文并不规范，可取的翻译应是：

Take care of the grass to keep the place green.

Treading on grass is treading on life.

Little grass says smilingly: walk on the pathway please.

Your care for the green is your love of the community.

如果用规范正宗的英语重新翻译，可直接借用英语中现成的说法“请勿践踏草坪”：

Please stay off the grass. Thank you.

Please be advised stay off the grass.

另一种选择是按照英语的思维习惯进行翻译，使译文更为生动活泼，更有艺术性。如：

保护绿草，留住绿地。

Keep the grass green and fresh.

Color our city green with well-attended grass.

For our environment’s sake keep the grass in top shape.

小草有生命，脚下请留情。

Please give me a chance to grow.

Grass grows in silence. Please leave it alone.

If I am trampled like a weed. I’d be dying at your feet.

小草微微笑，请您走便道。

I greet you with a smile and you should behave with a style.

If you stay off my ground be green all the year round.

The smiling grass would like to say: “Please walk on the pathway.”

护一片绿叶，献一份爱心。

A little turf of grass grows with the care of everyone.

My healthy growth calls for everybody’s tender care.

Let the grass thrive with our care.

类似的公示语还有：

请勿乱扔垃圾，保持环境清洁。

Don’t be a litterbug/litter lout. Help keep the city environment clean.

（四）停车场和禁止停车

Car park 停车场

Parkade 多层停车场，停车楼

Underground parking 地下停车

Boom-gate parking 吊臂停车场（入口处有自动起落的吊臂控制，司机用投币或插卡的方式开启驶入）

VIP car park 贵宾停车场

Stopping for loading or unloading only 只准临时停车装卸货

Preferred parking 就近停车

Additional parking at rear 后面还有停车位

Three for free 二人同车可免费停车

英语里有许多禁止停车的用语，如：

禁止停车，违者拖走。

NO PARKING TOW AWAY ZONE.

NO PARKING UNAUTHORIZED CARS WILL BE TOWED AWAY AT OWNERS EXPENSE.

NO PARKING VIOLATORS WILL BE TOWED AT VEHICLE OWNER'S EXPENSE.

消防通道，严禁停车。

STRICTLY NO PARKING FIRE ZONE.

NO PARKING OR STANDING FIRE LANE.

NO PARKING FIRE STATION.

私人车道，禁止停车

NO PARKING IN DRIVEWAY NO PARKING PRIVATE DRIVE.

DO NOT BLOCK DRIVEWAY.

如在此停车，车辆及车内财物责任自负。

VEHICLES AND THEIR CONTENTS ARE LEFT HERE ENTIRELY AT THE OWNERS RISK.

未经允许在此停车，车轮将被锁定。

CARS PARKED HERE WITHOUT PERMISSION WILL BE CLAMPED.

此处随时使用，禁止停车。

NO PARKING. GARAGE IN USE.

NO PARKIGN. CONSTANTLY IN USE.

NO PARKING N USE 24 HOURS.

装卸区禁止停车。

NO PARKING LOADING ZONE.

NO PARKING LOADING BAY.

NO PARKING SERVICE DELIVERY AREA.

小型车停放区。

PARKING FOR SMALL CARS COMPACT CARS ONLY.

未经允许。不准停车。

PARKING BY PERMIT ONLY.

ASSIGNED PARKING ONLY.

AUTORIZED PARKING ONLY.

内部停车位。

PARKING FOR STAFF FACULTY ONLY.

RESERVED FOR EMPLOYEES.

MANAGERS PARKING BAY.

客户专用车位。

GUESTS CAR PARK.

VISITORS PARKING ONLY.

PARKING FOR CUSTOMERS ONLY.

（五）开车及安全行车用语

超速行驶

speeding

酒后驾车

drink and drive

drunk driving

driving drunk

drunken driving

driving under influence DUI

疲劳驾驶

drowsy driving

driving drowsy

fatigue driving

英语里还有这种说法：

stop，revive，survive

开车时如感到疲劳困倦，要停下来休息一下，以恢复精神，这样可以保证安全。英语里找不到对等表达方法时，就采用“创译”的方法，如：

司机一滴酒，亲人两行泪

When a man mixes drink with drive，he is likely to bring tears to his wife.

如果要强调“一滴酒”和“两行泪”的对应，也可这样译：

One drop of alcohol on the part of the driver can result in two lines of tears for his family.

更为简洁的译文是：

Drink and drive costs your life.

第八节　商务文体翻译

商务文书的类型繁多，涵盖了简单的书信和电报信、逐渐复杂的报盘、更为正式的单证和提单，以及最正式的合同和租约的起草和翻译等多种形式。这些商务文书均为正式公文性质，其主要内容都应符合相关规定要求，因此在翻译时需要特别关注各种文体的特点，以确保所译语句的准确性和行文的连贯性。

信用证指的是开证人从银行提取资金并支付一定利息的授权证书。信用证是国际贸易中最常见的结算工具，也是一种国际上通行的支付手段。作为交易中至关重要的信用保障方式之一，买方向卖方提供单据并保证在约定期限内履行承诺，若购买方无法履行货款支付义务，则根据合同规定，银行有义务向卖方支付货款。

信用证所采用的文体风格别具一格。由于信用证是一种具有法律约束力的协议，因此在书写过程中要足够严谨，确保它能够保证双方在交易过程中的合法性和公正性。正因为其措辞精准、规范，专业性极高，所以在翻译过程中需格外留意。

一、格式化和规范化

信用证的句式较为特殊，乍一看这类句子中确实是缺少一部分，但是它确实也能独立成为一个完整的句子的，这种句式一般主要出现于对单据或是时间等限定语句中，其中的系动词或是助动词 be 往往被省略。

Latest shipment Sep.10，2005.

最近装船时间为 2005 年 9 月 10 日。

Shipment from Dalian to Nagoya.

从大连运往名古屋的货物。

Each document to show B L number and date and to be dated not earlier than 7 days from B/L date.

显示提单编号和日期的每张信用证，其开具日期不得早于提单日期 7 天。

All correspondence to be sent to City Bank import services department.

请将所有的信件送到城市银行进口部。

Transshipment prohibited.

禁止转运。

二、多用书面语

这一现象的显著特征在于过度使用介词短语以代替单一介词，常见的实例包括但不限于“in compliance with”“as per”“in view of”“in favor of”。

例如：

The bill is marked as per advice.

汇票上标明“按照通知”字样。

This certificate of silk products is issued in compliance with the consignee's request.

丝绸产品证明书是根据收货人的要求开具的。

此外，很少使用口语词语，如表示“将来”一般用 be to do 结构或者 shall / will 结构，而不用 be going to do 或 be about to do 。

例如：

This credit is to be negotiated at sight basis.

本信用证以见票（即付）议付。

We shall remit the proceed to you in accordance with your instructions.

我们将根据您的指令将货款汇给您。

三、古体词的使用

使用频率较高的词有“therein”“thereafter”“thereby”“thereof”“hereby”“hereto”“hereof”“hereunder”等。

Usance bill drawn hereunder are to be negotiated at sight.

下面开具的远期汇票采取见票即付。

We confirmed the credit and thereby undertake that all draft drawn and presented as above specified will be dully honored by us at our counter on or before.

我们保兑本信用证并承诺我们将在到期当日或提前，在我行及时支付按以上说明开具并出示的所有汇票。

四、语气的变化

在英文信用证中，情态动词“may”“must”“can”“shall”“should”出现频率很高，其含义变化也很大。由于它们具有较强的主观性，以及与上下文之间存在着复杂的语义联系，所以很难通过简单的语言形式来表达出真正的涵义。因此，在实际的翻译过程中，必须深入分析句子中所隐含的深层意义，并精准地捕捉原文语气的变化，运用英语语言技巧正确地传达信用证所表达的信息，使译文读者更好地了解原文的意图。

信用证是一项具有法律效力的文件，由开证行全面掌控。开证行是指接受单据、签发信用证，并负责向受益人支付货款或担保货款的银行。通常信用证会采用强制性的措辞来进行书写，以确保语义的准确。如果受益人不符合信用证上所描述的条件，那么开证行会拒绝支付货款，若欲获得信用证中的款项，受益人必须严格遵守信用证条款，并符合开证行的规定。

T.T. reimbursement is not acceptable.

不接受电汇偿付。(T.T.：telegraphic transfer 电汇)

This credit is not transferable.

本信用证不可转让。

为了确保表述的准确性和完整性，必须遵循事实陈述的方式，不得更改措辞。

L/ C No. should appear on all shipping documents.

信用证号码必须在所有的货运单据中标明。

Marine insurance shall cover the risks until applicant's warehouse in Japan.

水渍险须包括运抵投保人日本仓库的所有风险。

Packing list must show container No. and specify contents of each container.

装箱单必须写明箱号，并标明每箱内的货物。

上述三句为开证行的命令语，虽然语气比较委婉，但强硬的语气还是深含其中的。

从这些例子我们可以看出，开证行在提到自己的责任时，语气会变得很弱。

五、被动语态的使用

在英语中，被动语与其他形式相比是一种较为常见的句式类型，也是语言学习者比较难掌握的一个语法点。通过运用被动语态的表达技巧，可以将句子的重点聚焦于所要探讨的对象，从而提高读者对其的关注度。被动语态的句法结构具有高度的灵活性，能够有效地拓展句子表达的能力，同时，使用被动句能够使文章更具说服力。

The advising bank is requested to notify the beneficiary without adding their confirmation.

我们（开证行）请求通知行通知受益人没有加剧他们的保兑。

如果将上述这句话改写为主动式的结构，可以改为："The opening bank requests the advising bank to notify the beneficiary without adding their confirmation." 虽然这两句话所表达的语义几乎没有差别，但主动式的表达显得冗长烦琐，语言表现力较差，显得缺乏说服力。

六、专业术语的使用

鉴于信用证所具备的全球通用性，因此其语言表达必须精确严谨，同时，为了确保信息传达得清晰明了，信用证运用了丰富的专业术语。在国际贸易中，信用证是贸易双方沟通和理解交易内容的重要工具。若翻译人员缺乏对该领域专业术语和表达方式的熟练掌握，则可能导致翻译结果与原意天差地别。

第八章 跨文化视角下英语翻译障碍与策略

翻译的本质是一种文化交流活动。翻译的目的是正确无误地完成信息和文化的交流，使国家乃至整个世界向着更高的文明发展，这跟跨文化交际学的宗旨是一致的。翻译逐渐被认同为一种跨文化交际的行为。本章对跨文化视角下英语翻译的障碍及跨文化视角下英语翻译障碍的策略进行了深入的论述。

第一节 跨文化视角下英语翻译的障碍

一、跨文化交际翻译的障碍

跨文化交际翻译中的障碍主要表现在以下几个方面：词汇、语法、语用、文化语境。

（一）词汇方面的障碍

语言是在文化不断演进的过程中形成与发展的。不同国家、民族、地区的人们在生活环境、语言心理、思维方式、文化观念、语言种类与形态等方面存在很大的差异，这使得不同民族对相同的物质世界与现象所作的划分与概念化也有所不同。

这在词汇方面也有体现，主要表现为对应语义场的词语空缺与对应词语的内涵不同。在跨文化交际翻译过程中，译者要分析词汇方面的文化差异，排除障碍，提高译文质量。

1. 语义场空缺

语言都是对客观世界的反映，但是不同文化在对客观世界进行描述时会使用不同的表达方式。生活环境、风俗习惯及文化观念差异等会造成词汇对应语义场的词语空缺。

词汇语义场空缺是指“在一种语言中有的词汇在另一种语言中找不到对应的表达方式”。

（1）地理生活环境造成的语义场空缺

地理生活环境在词语构成中具有一定的影响。英国是一个岛国，四面环海，船是人们出行的重要交通工具之一。受这一文化背景影响，英语中关于“船”的表达有很多种类，如“boat”“ship”“vessels”“yawl”“ketch”“sloop”“schooner”“catboat”等。上述词语在汉语中很难找到完全对应的词语表达，这是因为中国是一个内陆国家。中英两国之间的地理文化差异显著，进而形成了不同的词语。

（2）风俗习惯造成的语义场空缺

风俗习惯是经过历史的传承与积淀所形成的一种生活方式，主要包括饮食、服饰、礼节、节庆等多个方面。中西方在风俗习惯上也有很大的差异，这使英汉两种语言必然会有一些彼有此无的词汇空缺现象。例如，汉民族对用油烹调十分讲究，于是有了各种描写烹调手法的词语，如“炒”“爆”“炸”“煎”等，而英语中只有“fry”一词，出现了词语空缺现象。

（3）文化观念、道德价值和政治环境造成的语义场空缺

中西方在文化观念、道德价值和政治环境方面的差异也引起英汉两种语言间的词汇空缺。例如，英语中的“cowboy（牛仔）”“Merry Widow（一种女子紧身衣）”“fury（陪审团）”等词语是美国特有的文化，汉语中是没有相对应的词汇的。而汉语中的“状元”“干部”“劳模”等词语都是中国文化下的产物，在英语中同样没有相对应的表达。

2. 词语内涵不同

英汉两种语言中有不少这样的词：表示同一概念，但两者的内涵与联想意义是不同的。

在具体事物的语义层面上，不同的语言常常呈现出相似之处，但在更为抽象的层面上，它们之间的差异却是相当显著。个体的感性认知在很大程度上决定了语言语义结构下层的差异，这种感知涉及对物体的形态、尺寸等多个方面的理解

和认知。由于人的思维观念和对事物性质的理解，因而人们对于同一事物的认识不同，也就产生了上层分类的差异。

（二）语法方面的障碍

英汉两个民族的思维方式存在差异，对相同的思想内容往往从不同角度来表达。例如，英汉两种语言对于否定概念的表达就不同，在词汇、语法和语言逻辑等方面也有很大的差异。英语的否定结构复杂，有些句子形式上是否定句，但在内容上是肯定的，而有些句子在形式上是肯定句，但在内容上是否定的。对英语中的否定结构进行翻译时，需要在准确理解其意义的基础上，结合汉语的表达习惯进行翻译。

此外，英语的一些单数与复数的表达、动与静的表达与汉语的相应表达也有诸多不同之处。在翻译过程中，译者需要首先正确地理解源语与译语中的各种句型，从而准确地译出原文的意思。

（三）语用方面的障碍

语用意义通常具有明显的文化特性。中西文化不同，涉及的习俗文化也有很多不同，这会在很大程度上影响跨文化交际翻译的进行。英汉两种语言在称呼用语、问候用语、告别用语、礼貌用语、电话用语、恭维用语等方面存在很大的差异，要使翻译更准确，译者需要首先了解这些语用方面的文化差异，为翻译扫清障碍。

（四）文化语境的障碍

语境承载着一定的文化意义。要准确理解语言表达的意义，使翻译更完整，就必须考虑语境因素。可见，文化语境制约着翻译的顺利进行。在跨文化交际翻译过程中，译者需要对特定的文化语境给予重视。

一个民族有自己独特的语言和文化环境，在同一个文化环境内，话语句子的意义往往可以轻易地被理解和确认。因此，了解并掌握一些有关语言背景方面的基本知识对翻译来说就显得非常重要。然而，当我们置身于一个与我们所处的文化语境截然不同的环境中时，由于缺乏相应的语言文化背景知识，想要准确理解话语的内涵并非易事。例如：

Unemployment，like the sword of Democles，was always accompanying the workers.

失业犹如达莫克利斯的剑一样，随时威胁着工人。

“the sword of Democles”这一典故源自古希腊文化，意指“临头的危险”。西方人看到这一典故，就会想到形势的急迫。但是，汉语文化语境中不存在这样的文化意象，看到这样的表达一般只会想到“一把剑”，对其文化内涵却不了解。翻译时，需要译者作出一定的注释或增译。

二、跨文化交际翻译中的“错位”

由于文化的多样性，各个民族对于不同时期历史的感受和体验都是独一无二的。因此，在不同的文化背景下，人们会采用不同的语言表达方式来表达他们对事物的观点。这种表达方式就是所谓的文化差异。加之随着时间的推移，由于历史的演进，现代人和古代人对事物的理解存在着必然的差异。这种差别不仅表现为语言层面，也体现在思维方式方面。因此，在进行跨文化交流和翻译时，必须深刻认识到不同语言之间的差异性，并采用恰当的表达方式以确保翻译的精准性。在跨文化交际翻译中，存在三种主要的“错位”现象，分别是时空错位、身份错位和文化错位。

（一）时空错位

时空错位主要指的是对古代汉语、古代英语进行翻译的过程。古代汉语翻译包括对诗词、古代名著进行英译，由于古代的汉语文书的文体与现在的书写方式有了很大的差异，因此翻译起来极为困难，具体包括以下几条：

①古代汉语的著作多采用文言文的书写方式，文言文想要直接翻译几乎是不可能的，因此只能进行意译，先将文言文翻译为白话文，再进行翻译。但这样既破坏了文言文的韵律，还可能在翻译的过程中造成遗漏。

②中国古代的名著在语言表达上与现代有了极大的差异，文言文多喜欢用各种事物来表征意象，像借助竹子来表达一个人坚韧不拔，如果直接翻译竹子的话，外国读者肯定不能理解，因此，在翻译过程中一定要考虑到不同文化的语言习惯。

③中国古代的名著还非常喜欢引用先哲的名言观点，因此在翻译的过程中还需要准确地将这些先贤的观点翻译出来，否则会影响到整篇文章论著的连贯。

随着时间的推移，英语词汇不断演进和变迁，古代英语也逐渐演变为现代英语，并逐步更新了表达方式。由于古英语与现代英语还是有许多相似之处的，所以翻译起来容易混淆。因此，在翻译的过程中，翻译者必须掌握古英语的表达方式，以确保翻译的准确性。

若翻译者不能很好地理解英语汉语的语言特征，或缺乏英汉古语翻译的技能，则可能导致翻译出现时空错位的现象。此外，英汉文化内涵词的“错用”也是跨文化交际翻译中时空错位的一种表现。

（二）身份错位

在跨文化的翻译过程中，涉及到的身份错位主要指的是视角身份错位、人物身份错位及称呼错位三种类型。

1. 视角身份错位

视角身份错位是对待文本中不同的生活方式，不能以译者自身的文化背景进行翻译。对于具有文化内涵的文本，译者可以采用不同的视角，灵活地进行变换处理，从而转译对方的文化。例如，对汉语“馒头”一词进行翻译时，容易将其翻译为“steamed bread”或“steamed bun”。虽然读者也能理解其含义，但是造成了一种视角错位，而丢失了中国特有的文化信息。

2. 人物身份错位

在英译汉或汉译英过程中，如果译者对文本中人物的行为模式进行随意的改变，则会导致“人物身份错位”的现象发生。例如，在翻译中国古典文学作品时，译者不可将中国古人的行为西化为西方人的举止。身份错位现象对不同文化间的沟通与融合会产生负面的影响，阻碍跨文化交际活动的顺利进行。

3. 称呼错位

在跨文化交际翻译中，经常会涉及称呼的翻译。在翻译称呼时，译者需要对时代背景予以分析，避免称呼错位现象的出现。例如，如今女权意识逐渐增强，对英语中一些带有男权色彩的表达就要进行相应的处理，如将“主席”译为“chairperson”，代替男权意识强烈的“chairman”。

（三）文化错位

1. 文化欠额

文化欠额翻译（under-loaded cultural translation）指在翻译中零传输或者部分传输了源语文化环境中的内涵信息的现象，即译文所传递的文化信息量小于原文的文化信息量。

文化欠额翻译指的是对原文中的文化信息进行不完整传输时译文质量降低的现象。

在跨文化交际翻译中，译文体现的文化信息量越大，文化信息欠额越小；译文体现的文化信息量越小，文化信息欠额越大。为了将文化信息欠额最小化，应在传达原文字面意义的同时，将其背后的文化内涵体现出来。

2. 文化误译

文化误译是由文化误读引起的，即受本土文化的影响，习惯按自己熟悉的文化来理解其他文化。这一现象在跨文化交际翻译中也很常见。例如：

You chicken! He cried, looking at Tom with contempt.

原译：他不屑地看着汤姆，喊道："你是个小鸡！"

改译：他不屑地看着汤姆，喊道："你是个胆小鬼！"

在英语文化中，"chicken"一词可以用来喻指"胆小怕事的人""胆小鬼"。而中国读者看到"chicken"一词仅仅是想到小鸡，这是因为汉语中形容一个人胆小怕事，使用的是"胆小如鼠"，没有"胆小如鸡"的表达。翻译时，如果不理解文化背景信息，容易出现误译。

总之，在跨文化交际翻译中，译者应该根据具体语境，并结合文化背景，准确理解原文的含义，选择合适的翻译技巧灵活翻译，切忌望文生义。

第二节　跨文化视角下英语翻译障碍的策略

一、使用词类转换

中西文化差异导致了英语翻译中词汇和语言结构的巨大差异，为了使读者能够轻松理解译文，增强译文的可读性，译者需要掌握一些实用的、必要的翻译技巧。

词类转换，是指翻译时为了准确并流利地表达原文意思而改变词语的属性，即改变词性。在跨文化翻译中，不是每个英语单词都有一个和它的词义及词性都对等的汉语。如果译者坚持用词性相对等的汉语词汇来翻译英语的原句，必然导致中文翻译不符合逻辑结构，没有规则，读者也会不知所措，不懂原文的意义。

为了使译文更具可读性，通常采用词性转换的方法。然而，在翻译实践中，源语和目的语的词汇和句子结构有很大的不同。鉴于这种情况，需要把原文中的英语名词翻译成汉语的动词、副词和形容词，把英语的动词翻译成汉语的名词或形容词，这也是词性的转换过程。

二、正确使用句式转换翻译

在进行跨文化交际和翻译时，由于受汉语语言习惯的影响，使得英语中独特句式的翻译工作面临着相当大的挑战。为了更好地提高译文质量，译者要掌握必要的句法技巧。例如将无主语的倒装句转化为正常语序、there be 句型，以及将主动语态句子转换等。此外，还有许多其他的修辞方法，比如夸张手法、拟人手法等，都会对句子造成很大影响。

在英语中，为了使句子更加生动有力、可以更好地突出重点，常常采用主谓倒装句，这种句式不仅能够巧妙地调整语气，还能够营造出一种独特的氛围。相较于英语，汉语在句子结构中极少采用倒装词序。因此，在进行英语到汉语的翻译时，必须对英语中的倒置语序进行转换，以使其符合汉语的通用语序。因此，要想实现有效翻译，必须了解各种常用句式和句子转换方法，这样才能够使译作达到预期目的。只有那些掌握了独特的英语句式和句子转换技巧的翻译家，才能在跨文化交际中精准地翻译出所需的文本。

三、恰当使用归化、异化策略

归化翻译需要译者在进行翻译时既要充分尊重原作者的创作意图，保持原作的内容和中心思想没有发生改变，还要使译文尽量贴近读者，便于读者的理解与接受。另外，归化翻译也适用于对一些蕴含丰富民族文化信息，文化传统悠久的成语典故进行翻译。

在异化翻译过程中，应尽量保持原文写作风格，尽量使用源语的语言结构及修辞方式来翻译原作。通过异化翻译可以将源语文化纳入目的语文化之中，在使目的语文化变得更丰富的同时，又能有效促进源语文化在世界范围内的普及。

译者在进行跨文化交际翻译时，需巧用归化与异化策略才能取得较好的翻译效果。

四、培养学生跨文化意识

翻译课程的教学目的主要就是培养和提高学生的翻译能力。尽管英语专业的学生在初级阶段已进行了大量的英汉互译实践，但在此基础上如果只强调语言对比，并以此指导实践，则未免流于表面，难以激发学生的学习兴趣，也不能真正有效地培养和提高学生的翻译能力。语言学研究表明，语言不是孤立存在、自主发展的符号体系，而是与其所存在的文化系统紧密相关。虽然在语言符号的各个层次上，如词素、词、词组、句子、话语等，都已进行了比较充分的对比研究，并进而提出了一些切实可行的翻译技巧，如词类转换、减译增译、正说反译、抽词拆句等。然而，更多含有浓厚文化色彩的语言符号却是远非某种技巧能使之在译文中传达自如的。王佐良教授曾说过："翻译者必须掌握两种语言，但是，不了解语言当中的社会文化，谁也无法真正掌握语言。"[①]可以说，翻译教学中只进行语言对比，而不进行社会文化对比，是无法真正搞好翻译教学的。所以我们不仅要注重训练学生的语言转换能力，更要时刻注意培养学生对语言中所包含的文化差异的敏感性，并针对不同的文化差异采取适当的手段加以处理。

（一）跨文化意识与翻译教学

英语专业课程教学必须重视对学生跨文化交际能力的培养，这是教育部《高等学校英语专业教学大纲》提出的一项原则。这一要求强调的是不能再单一地对外语知识进行传授，而是应该培养学生的综合素质和实践技能，即跨文化意识和语言运用能力的提高。因此，在英语教学过程中应重视对跨文化意识的培养，并将此贯穿整个教学活动之中。作为一个专门的语言运用学科，翻译学应当肩负起直接的文化传播责任，而其中最为核心的任务则是实现双语（例如英语和汉语）的转换。由于英语是当前应用最广的语言，因此对英汉互译的要求更高。翻译教

① 王佐良．翻译中的文化比较[J]．翻译通讯，1984(1).

学过程中，教师需要告知学生们，使用英语的国家有很多，但这些国家文化背景也是不同的，因此翻译还是需要具体国家具体分析的，只有这样才能更好地起到跨文化交流的作用。

（二）遵循一定的原则

1. 整体性原则

在翻译教学中，我们应该以整体性原则为指导，将英语语言和文化有机地融入教学过程中，以培养学生对跨文化的认知。除了简单的语言翻译，我们还需引导学生掌握跨文化和跨语言的差异，因此，教师需要将这些特征巧妙地融入翻译教学中。

2. 差异性原则

由于中西方文化之间的显著差异，因此在不同的文化体系下，所使用的语言也会出现明显的差异特征。因此，在进行翻译教学时，教师必须深刻理解中西方文化之间的差异，同时全面掌握这两种文化之间的共性，以便更好地教授给学生这方面的知识，促进学生的跨文化交流和理解。

3. 实用性原则

在进行翻译教学时，鉴于一个民族的文化底蕴深厚，短时间内难以全面掌握，因此高校教师应当有针对性地传授翻译知识，特别注重实用交际用语的传授，以帮助学生在跨文化意识的培养中获得更多的应用价值。在教学过程中还要让学生了解到语境和情感等因素的影响，从而保证译文达到理想效果。

4. 层次性原则

在培养跨文化意识的过程中，教师需要运用层次性原则，帮助学生认识英语文化的表层和深层之间的相互关系，进而区分它们之间的联系和差异，发现它们之间的交集。在学习翻译文化的过程中，学生可以建立坚实的文化学习基础，有助于他们在这一领域的进一步提升。

5. 阶段性原则

在跨文化意识培养的过程中，高校教师应该根据学生英语水平和知识储备的不同，逐步推进语言教学，不能急于求成。教师可以通过阶段教学法，将教学内容按照难度划分层次，并针对每一层设置对应的教学要求与目标，引导学生进行自主探究。通过有针对性的阶段教学，可以使学生更有效地掌握知识，从而提高他们的学习效果。为了培养高校学生的跨文化意识，分级教学需要逐步提高教学难度，通过逐步增加语言文化教学的复杂度和深度，使学生在不同学习阶段逐渐形成相应的跨文化认知。

（三）重视中西方文化差异

随着社会发展水平的不断提高，我国与世界各国的交往日益密切，对跨文化交流的人才需求也更加迫切。因此，大学英语翻译教学的目标之一就是培养学生跨越中西方文化差异的跨文化认知能力，大学生应当深刻认识到，中西方文化之间存在着巨大的差异，这些差异源于国家地域、经济、政治等多种因素所共同塑造的客观现实。这种差异使得不同民族的人们对同一事物可能会产生截然不同的认知，从而造成了他们看待事物的角度及思维模式方面的巨大区别。大学英语教师应当以西方文化背景为基础，有针对性地引导学生，不仅要教授给他们必要的英语基础知识和技能，还要让其充分体会其中蕴含的丰富的文化意义和价值，传授更多有关英语文化的知识，以提高他们对英语文化的理解和认知水平。

（四）增强教师的跨文化素养

随着社会发展水平的不断提高，我国教育事业也逐渐得到了快速的进步与发展，尤其是高校英语教学工作取得了很大进展。因此，在英语教师的培养过程中，必须高度重视他们的英语翻译技能和跨文化素养，以确保他们能够在跨文化交流中展现出卓越的表现，只有这样才能培养学生的跨文化素养。

教师唯有具备对本土和国外文化的深刻洞察和区分能力，才能有意识、高效地引导学生并培养其跨文化意识。此外，作为一名优秀的大学英语教师还应具有较强的教学实践能力，这有助于更好地为英语教学服务。学生的跨文化意识受到大学英语教师的深刻影响，这种影响至关重要。因此，在传授英语翻译的基本技巧、经验和方法的同时，大学英语教师有责任向学生传授英语文化，包括西方国家文化背景、民俗文化、道德价值、语言习惯等方面的知识。这样做有利于调动学生学习英语的积极性，激发他们的求知欲，可以让学生更多地了解西方国家的文化背景，从而在学习英语翻译技巧的同时，潜移默化地提高跨文化意识，增强跨文化交际的能力。

（五）明确翻译教学的目标

长期以来，人们存在一种误解，即错误地认为翻译课程的目的在于培养学生的翻译技能，以便他们能够成为优秀的翻译家。这种看法在很大程度上影响了我们对翻译教学改革与创新的重视。翻译教学的核心在于帮助他们理解、认识和掌握基本的翻译理论，从而为未来的学习和发展奠定坚实的基础，因此，翻译课程应以提高学生综合能力为重点。实践证明，翻译学习者很难仅仅在一两年的翻译课程中就能达到成为杰出译者的水平，因此，大学主要是引导学生发现翻译规律，并运用这些规律来提高自己的能力。正是由于当下缺乏明确的教学目标，所以学生们在参加翻译课时会将其视为一种纯粹的培养班，这种现象已经成为当前存在的一个难题。虽然大部分教师都认为翻译是一种技能训练，但是大多数学生却并没有意识到这一观点的正确性。他们投入了大量的时间和精力进行翻译学习，期望通过参加翻译课程，掌握更多的词汇和翻译技巧，从而在未来展现出更加出色的表现，也因此，学生们对老师的授课内容缺乏兴趣，不注重翻译过程、翻译原则，以及原作、译者和译作之间的互动关系。因此，他们会浅显认为自己已经了解了翻译的全过程，并认为自己能很好地应付这些挑战，但实际上它们距离成为一名真正的译者还差得很远。

（六）改革课程设置

在我国本科英语专业的教学计划中，独立的翻译课程通常安排在大三和大四，而且一般每周只授课两节，总授课时间通常不超过 70 个学时。考虑到翻译所需的中英文基础水平及其他领域的知识，要在有限的时间内实现“全面了解该学科、掌握翻译理论、提高实际翻译能力”这一目标，具有相当的挑战性。目前国内许多高校都把培养学生的翻译技能作为一门重要的基础必修课来对待。为了解决翻译教学课时不足的问题，我们可以考虑增加教学时间，以确保学生可以有更长的时间来学习翻译课程，从而彰显其重要性。然而，由于本科教育中翻译课程所占比例不足，再加上其他因素的干扰，致使实现该目标面临着重重挑战。因此，要想达到这一目的，必须对现有课程进行整合，改革课程设置，向学生传授系统化的英语知识，这样才能达到最佳效果。

（七）改革翻译教学方法

要想培养学生具备跨文化的翻译能力，首先教师需要先具备跨文化的意识，在讲授翻译知识时，还要注重培养学生的跨文化意识，引导学生们发现翻译不仅仅是对单词短语的翻译，更是对不同国家、不同民族文化的解译。但是当前的英语教材并没有注重对跨文化相关内容的介绍，反而是过分关注对单词语法，虽然说单词语法是英语学习的基础内容，但是单单只会单词语法是很难起到实际应用作用的，难以将英语应用于具体的对话交流。因此，翻译教师需要改进教学方法，在传授相关翻译的基础知识时，还需要加强学生们对不同文化的了解，拓宽学生们的视野，从而打下良好的翻译基础。

（八）提升学生尊重语言文化差异、正确处理文化因素的能力

首先，需要倡导文化多样性的理念，尊重各种文化的存在，帮助从多个角度和方面去认知文化之间的差异，以这些差异为基础，寻找各国文化之间的共性和共同点，逐步适应和理解彼此的文化差异，以消除跨文化翻译可能带来的翻译错误。在进行跨文化翻译时，必须根据不同的交际目的和受众群体，采用相应的翻译策略，以确保翻译的本意不会被歪曲或扭曲。其次，必须确保当地读者能够领会其中的内涵。要使译作既能满足本国读者的阅读需要，又具有足够的吸引力，具备可读性和可接受度。

在翻译过程中，必须要尊重当地文化，避免出现因自身意识形态而造成的翻译错误。通过对跨文化意识的培养，我们能够从异域文化中汲取有益的营养成分，以丰富和发展我们的本土文化，可以避免民族中心主义及盲目排斥异域文化情况的发生。

（九）开展实践教学活动

在素质教育的大背景下，教师应当以学生为中心，要摒弃传统的填鸭式课堂教学，要因材施教，拓展新的教学方式。除了传授传统词汇和语法等知识，教师应更多地采用实践引导的教学方式，例如在课堂组织英语活动，进行模拟对话，以促进学生对所学知识的更深入理解和掌握。同时还应注重对学生进行语言技能训练，以及学生自主学习能力的培养，鼓励学生大胆提问与讨论，从而增强课堂互动效果。通过这种方式，能够有效地激发学生的学习热情，并逐步培养他们的

跨文化意识。通过实践教学方式的运用，学生得以大量地汲取和领悟知识，这种方式打破了以往单一的听讲模式，使学生可以更全面地了解外国文化，掌握更多的知识。此外，教师也可根据实际情况进行调整，开展翻转课堂，让学生成为课堂的主人，这样不仅能帮助学生记忆英语知识，还能够提升学生们的思维方式及对新事物的认知能力，从而促进英语水平的提升。

（十）深入理解词汇文化内涵

词汇是英语的基础，掌握英语词汇不仅是学习英语的基石，同时也是进行跨文化交流最基本的信息单元。因此，词汇对于学生而言十分重要。在英语翻译教学中，教师需要深入挖掘词汇所蕴含的文化内涵，将其表层含义与潜在的文化价值融合教学，从而帮助学生构建出一个系统的知识脉络。同时，词汇与文化之间还存在着密切关联，二者相互影响。由于不同语言的特性和词汇的多样性，语言所传达的意义和文化也呈现出多样化的面貌。因此，要想提高英语翻译学习者对语句的理解能力，必须从深入挖掘词汇所蕴含的文化内涵。在大学英语翻译教学中，教师也应当指导学生挖掘词汇所蕴含的文化内涵，以避免翻译过程中的错误、提高学生翻译能力的水平。

（十一）开展丰富多样的课外活动

学习英语翻译的必要条件之一，就是长期积累和沉淀翻译和语言相关的知识。尽管语言学习的主要途径在于课堂学习，但仅凭有限的课堂时间进行学习是不足以满足需求的，因此需要引入多样化的课外实践活动。通过策划多样化的英语文化活动，以提升学生对英语文化的理解和领悟水平。在此基础之上，教师还应该注重培养学生运用所学英语知识解决实际问题的能力。同时，互联网和多媒体平台也为教师和学生提供了一种便捷的在线交流和互动方式，不仅能够使学生获得丰富的信息资源，还能够帮助学生了解世界各民族不同的文化，从而增强他们的跨文化意识，这样借助网络平台开展教学活动，可以使课堂教学更生动形象，进而激发学生自主学习兴趣，培养其合作探究精神，促进师生之间的沟通与情感共鸣，还能深化学生对中西文化的理解，提高其跨文化意识，进而将所学知识有效地应用于实际生活中。

参 考 文 献

[1] 刘惠玲，赵山，赵翊华．跨文化英语翻译的理论与实践应用研究 [M]. 延吉：延边大学出版社，2022.

[2] 祁岩．商务英语与跨文化翻译研究 [M]. 长春：吉林人民出版社，2020.

[3] 吕晓红．跨文化背景下的英语翻译探索 [M]. 北京：北京工业大学出版社，2020.

[4] 欧敏鸿．跨文化视域下英语翻译的解读 [M]. 天津：天津科学技术出版社，2020.

[5] 赵红卫．大学英语教学模式与跨文化翻译研究 [M]. 延吉：延边大学出版社，2022.

[6] 李莞婷，夏胜武．跨文化交际视阈下的商务英语翻译探究 [M]. 长春：吉林出版集团股份有限公司，2021.

[7] 唐昊，徐剑波，李昶．跨文化背景下英语翻译理论研究与实践探索 [M]. 长春：吉林人民出版社，2020.

[8] 戚燕丽．跨文化视角下英语翻译障碍及对策研究 [M]. 北京：北京工业大学出版社，2020.

[9] 郭芳，祁莎莎，李霞．跨文化的英语翻译研究 [M]. 北京：中国时代经济出版社，2014.

[10] 石磊．跨文化视角下的广告英语翻译 [M]. 沈阳：辽海出版社，2019.

[11] 李惠翔．跨文化英语翻译策略研究——以中国当代油画为例 [J]. 校园英语，2016（26）：218.

[12] 白锐．英语商业广告翻译与跨文化交际 [J]. 产业与科技论坛，2021，20（7）：136–137.

[13] 马燕 . 跨文化视角下英语翻译障碍及对策研究 [J]. 校园英语，2022（22）：181–183.

[14] 宋威 . 跨文化视角下英语翻译的障碍及对策研究 [J]. 英语广场，2023，(3)：19–22.

[15] 付悦 . 跨文化视角下英语翻译策略探究 [J]. 作家天地，2022（8）：91–93.

[16] 关春景 . 跨文化背景下的商务英语翻译技巧 [J]. 国际援助，2022（5）：103–105.

[17] 张东妮 . 跨文化视角下英语翻译障碍及对策研究 [J]. 智库时代，2021（4）：283–284.

[18] 武利平 . 跨文化视角下英语翻译策略探究 [J]. 现代英语，2020（8）：64–66.

[19] 徐国兴 . 跨文化传播视角下中国菜名翻译与饮食文化教学探究 [D]. 杭州：杭州师范大学，2022.

[20] 王冲 ."礼"的翻译中跨文化问题研究 [D]. 青岛：青岛科技大学，2019.

[21] 蔡一粟 . 功能主义理论和跨文化翻译视角下的中国菜名西译研究 [D]. 北京：北京外国语大学，2017.

[22] 刘可 . 从跨文化翻译的视角看《丰乳肥臀》中文化负载词的法译分析 [D]. 武汉：武汉大学，2017.

[23] 李金辉 .《京华烟云》的跨文化翻译研究 [D]. 石家庄：河北师范大学，2014.

[24] 郭津彤 . 跨文化交际中的文化翻译 [D]. 长春：吉林大学，2012.

[25] 李沛 . 功能主义视角下外宣英语跨文化翻译策略 [D]. 太原：山西财经大学，2012.

[26] 梁益宁 . 跨文化翻译中异化策略的使用范围和优化方法 [D]. 太原：山西大学，2011.

[27] 张晓泳 . 汉英习语在跨文化翻译中的文化流失 [D]. 保定：河北大学，2009.

[28] 文传淑 . 法律英语术语的跨文化翻译 [D]. 重庆：西南政法大学，2009.